改訂2版
全国保育士会倫理綱領ガイドブック

柏女霊峰監修　全国保育士会編

全国社会福祉協議会

発刊にあたって

　全国保育士会では、「全国保育士会倫理綱領」を策定し、全国保育協議会協議員総会（平成15年3月4日）および全国保育士会委員総会（平成15年2月26日）でそれぞれ採択されました。
　この背景には、近年の社会構造の変化にともない、子どもの育ちや子育てに対する社会的な支援の重要性が高まるなか、福祉職として保育にたずさわる者の担うべき責務がより大きなものとなっていることがあります。私たちは、これまで以上に社会的な期待に応える専門性を磨いていく決意を、今ここに改めて行ったことになります。
　また、平成15年11月29日の改正児童福祉法の施行により、保育士が国家資格となり業務の範囲も新たに規定されました。これによって、社会的な責任・役割として、保育士による保護者への支援または地域の子育て支援についても規定されたことになります。
　制度的にも実際の現場においても保育が多様化し、高い保育の質が求められています。一人ひとりの子どもの最善の利益を追求し、発達を保障する保育を展開するためにも、その基盤となる専門職としての指標を持つことは必須であると考えます。「全国保育士会倫理綱領」は、全国保育士会が会員一人ひとりの保育士等の行動規範を明らかにしたものであり、専門職集団として社会に果たすべき役割を示すものでもあります。

今、この時期に倫理綱領を持つ全国保育士会となったことの意義の大きさを強く認識し、「全国保育士会倫理綱領」の理念を具現化すべく、本会としても理解の定着と活用の推進に取り組んでいきたいと考えております。その取り組みの1つとしてこの『全国保育士会倫理綱領ガイドブック』を発刊いたしました。

　会員一人ひとりが、倫理綱領の各条文について理解を深め、各自の行動指標として日々の保育実践に活用してほしいと願います。条文それぞれの内容が自分自身のなかに根をはり、今以上の実践を追求していくことで、倫理綱領の意義も深まるものであると考えます。一人ひとりの実践と倫理綱領が常に相互作用し、向上し続けていくものであることを期待いたします。

　福祉サービスは自ら評価し評価される時代です。保育現場にも、リスクマネジメントや第三者評価の重要性が言われ、職員間のチームワークの大切さが要求されるとき、行動規範を職員が共通に認識することが一層必要となります。そういう意味からも、ぜひ本書を、職場内外での研修にもご活用いただきたいと思います。

　本文中には、条文の解説とともに理解のヒントとなる事例を掲載しています。これらは、実際の保育現場からあげられたものです。必ずしも解説に含まれる内容すべてを網羅してはいませんが、みなさんの日常の業務と照らし合わせて理解の導きを得ていただき、大いに議論の素材にしていただきたいと考えます。

　最後に、作成にあたり監修いただいた淑徳大学教授の柏女霊峰先生、および事例の提供にご協力いただいた関係者の方々に心より感謝を申しあげます。

　平成16年1月

全国保育協議会会長　佐藤信治
全国保育士会会長　武内茂子

改訂2版の発刊にあたって

　1956（昭和31）年の発足以来、子どもの最善の利益の実現を追い求めてきた全国保育士会は、2017（平成29）年現在、18万3千人余の保育士・保育関係者により構成されるまでにいたりました。

　2003（平成15）年に本会が策定、採択した「全国保育士会倫理綱領」は、保育士等の行動規範及び全国保育士会の活動の根本となるものであり、2008（平成20）年からは、「保育所保育指針」の改定に合わせて発出された「保育所保育指針解説書」においても取り上げられました。
　「全国保育士会倫理綱領」の理解の具現化に向けた取り組みとして、2004（平成16）年に発刊した『全国保育士会倫理綱領ガイドブック』は、多くの支持をいただき、さらに、2008（平成20）年の「保育所保育指針」改定や社会情勢や法改正に対応するために、2009（平成21）年に改訂版を発刊いたしました。

　このたび、2017（平成29）年に全文が改定（改正）された「保育所保育指針」および「幼保連携型認定こども園教育・保育要領」をはじめ、直近の社会情勢の変化に適切に対応するため、改訂2版を発刊することといたしました。「全国保育士会倫理綱領」本文ならびに条文解説において取りあげる事例が変わることはあ

りませんが、「保育士の責務と倫理」をはじめ、各条文の解説については、「子ども・子育て支援新制度」や「幼保連携型認定こども園教育・保育要領」の内容も踏まえ、時宜を得たものとしました。

　子どもの保育や子育て支援に携わる専門職は、職場、職種を問わず、高い倫理観に基づいた実践に取り組むことが必須です。
　全国保育士会の会員だけでなく、保育関係者一人ひとりが本書を手に取り、「責務と倫理」を胸に主体的かつ積極的に日々の活動に向き合うことを期待しています。
　そうした取り組みの蓄積によって、子どもが豊かに育つ社会が築き上げられる一助となることを願ってやみません。

　終わりに、監修者である柏女霊峰先生をはじめ、改訂2版の発行にあたり貴重なご意見、ご協力をいただきました皆様に厚くお礼申しあげます。

2018（平成30）年3月

全国保育士会会長　上村　初美

　全国保育士会では、「全国保育士会倫理綱領」の理解をさらに深めていただくためのツールとして、「学習シート」をホームページで無料公開しています。シートでは、倫理綱領のキーワードを明確にするとともに、各条文ごとに解説を記しています。自己学習や研修教材としてご活用ください。
　全国保育士会倫理綱領学習シート　公開ページURL
　　http://www.z-hoikushikai.com/about/kouryou/sheet.html

　「全国保育士会倫理綱領」は、携帯版を有償で頒布しています［1セット100枚、1,300円（税込・送料込）］。二つ折りして手帳に収まるコンパクトなサイズです。新任職員や新たに保育を学ぶ方にもお勧めです。
　全国保育士会倫理綱領URL（ページ下部に携帯版のご案内・申込書を掲載）
　　http://www.z-hoikushikai.com/about/kouryou/index.html

全国保育士会倫理綱領

　すべての子どもは、豊かな愛情のなかで心身ともに健やかに育てられ、自ら伸びていく無限の可能性を持っています。
　私たちは、子どもが現在（いま）を幸せに生活し、未来（あす）を生きる力を育てる保育の仕事に誇りと責任をもって、自らの人間性と専門性の向上に努め、一人ひとりの子どもを心から尊重し、次のことを行います。

　　　私たちは、子どもの育ちを支えます。
　　　私たちは、保護者の子育てを支えます。
　　　私たちは、子どもと子育てにやさしい社会をつくります。

（子どもの最善の利益の尊重）
１．私たちは、一人ひとりの子どもの最善の利益を第一に考え、保育を通してその福祉を積極的に増進するよう努めます。

（子どもの発達保障）
２．私たちは、養護と教育が一体となった保育を通して、一人ひとりの子どもが心身ともに健康、安全で情緒の安定した生活ができる環境を用意し、生きる喜びと力を育むことを基本として、その健やかな育ちを支えます。

（保護者との協力）
３．私たちは、子どもと保護者のおかれた状況や意向を受けとめ、保護者とより良い協力関係を築きながら、子どもの育ちや子育てを支えます。

（プライバシーの保護）
４．私たちは、一人ひとりのプライバシーを保護するため、保育を通して知り得た個人の情報や秘密を守ります。

（チームワークと自己評価）
５．私たちは、職場におけるチームワークや、関係する他の専門機関との連携を大切にします。
　また、自らの行う保育について、常に子どもの視点に立って自己評価を行い、保育の質の向上を図ります。

（利用者の代弁）
６．私たちは、日々の保育や子育て支援の活動を通して子どものニーズを受けとめ、子どもの立場に立ってそれを代弁します。
　また、子育てをしているすべての保護者のニーズを受けとめ、それを代弁していくことも重要な役割と考え、行動します。

（地域の子育て支援）
７．私たちは、地域の人々や関係機関とともに子育てを支援し、そのネットワークにより、地域で子どもを育てる環境づくりに努めます。

（専門職としての責務）
８．私たちは、研修や自己研鑽を通して、常に自らの人間性と専門性の向上に努め、専門職としての責務を果たします。

　　　　　　　　　　　　　　　　　　　　　社会福祉法人　全国社会福祉協議会
　　　　　　　　　　　　　　　　　　　　　　　　　　　　全 国 保 育 協 議 会
　　　　　　　　　　　　　　　　　　　　　　　　　　　　全 国 保 育 士 会

CONTENTS

発刊にあたって・003

改訂2版の発刊にあたって・005

「全国保育士会倫理綱領」全文・007

Ⅰ 保育士の責務と倫理・009

Ⅱ 「全国保育士会倫理綱領」条文解説・019

- 前文・020
- 1 子どもの最善の利益の尊重・022
- 2 子どもの発達保障・028
- 3 保護者との協力・035
- 4 プライバシーの保護・042
- 5 チームワークと自己評価・046
- 6 利用者の代弁・053
- 7 地域の子育て支援・058
- 8 専門職としての責務・064

参考資料・069

表紙・ブックデザイン　サザンカンパニー

I

保育士の責務と倫理

保育士の責務と倫理

淑徳大学総合福祉学部社会福祉学科教授・同大学院教授
柏女　霊峰

はじめに

　2003（平成15）年2月26日、全国2万2千余か所の保育所に働く保育士を中心とする組織である全国保育士会が倫理綱領を採択し、15年が経とうとしています。全国保育協議会、全国社会福祉協議会も同時に、この綱領を保育所の倫理綱領として採択しています（3月4日）。倫理綱領の採択は、保育士資格の法定化を目前にして、保育所並びに保育士たちが行った子どもの保育・子育て支援の専門職としての決意表明であるといえるでしょう。

　「全国保育士会倫理綱領」は前文と8か条からなり、子どもの最善の利益や発達保障をその根幹に据えつつ、保護者に対する子育て支援を大切な責務としています。児童福祉法も保育士の業務の1つに、「保護者に対する保育に関する指導」（保育指導）を規定しました。2009（平成21）年4月施行の保育所保育指針においても、保育指導業務の重要性が指摘され、その後の養成課程の改正や2018（平成30）年施行の新保育所保育指針にも、その視点が引き継がれています。ここでは、この倫理綱領を糸口に、福祉専門職である保育士の責務と倫理について整理し、倫理綱領並びにこのガイドブックの更なる活用について考えてみたいと思います。

1.子どもを産み育てにくい社会

　わが国においては、子どもを産み育てにくい社会が続いています。厚生労働省の統計によれば、2016（平成28）年の出生数は97.7万人、合計特殊出生率は1.44でした。出生数は、第二次ベビーブームの1973（昭和48）年の半数弱にまで減少したことに

なります。

　また、1995（平成7）年度当初に160万人程度だった保育所等入所児童数（現在では、保育所入所児童数と幼保連携型認定こども園の2号、3号認定児童数の合計）は、出生数の減少にもかかわらず近年急激に増加し、2016（平成28）年度当初には246万人弱となり、統計史上最高を更新し続けています。保育所等入所児童は、この20年強で50パーセント以上増加したことになります。なのに、待機児童は一向に減りません。一方、保育時間の短い幼稚園の利用児童数は減少しています。女性の就業率の上昇、子育てを支える環境や資源の変容などに伴い、保育所という最大の子育て支援サービスに利用希望が集中しているのです。

　さらに、2016（平成28）年度の子ども虐待件数は12万2,578件（速報値）で、全国統計が開始された1990（平成2）年度の実に111倍となりました。特に、最近では、心理的虐待の件数、割合が増加しています。社会的養護のもとで暮らす子どもの数も、横ばいの状態が続いています。

　人と人とのつながりの希薄化や育児の孤立化が、それらの現象に拍車をかけています。子どもが育つこと、子どもを産み育てることを社会が評価しないため、子育ての苦労が喜びを上回り、子育てそのものが避けられていくのです。

2.保育士の責務

　こうした状況を受け、政府は少子化社会対策基本法や次世代育成支援対策推進法、子ども・子育て支援法などを成立させ、保育サービスや地域の子育て支援サービス、社会的養護の充実を図っています。子ども・子育て支援事業（支援）計画も全市町村、都道府県で策定され、2015（平成27）年度からは、子ども・子育て支援制度も始まっています。保育サービスの量的拡充や保育士確保対策のほか、「働き方改革」と銘打ったワーク・ライフ・バラ

ンスの実現に向けた政策も進められています。

　しかし、これらの政策も、子育て支援を現場で担う保育士の意識が伴わなければ実効は上がりません。2009（平成21）年度から施行されている保育所保育指針の第1章総則では、保育士の業務を「子どもに対する保育と保護者に対する保育指導」と規定し、保育士に必要とされる専門性を倫理、知識、技術、判断の4つに整理しています。これらは、2018（平成30）年度から施行される新保育所保育指針にも引き継がれており、対人援助の専門職としての「倫理」は、保育士に最も必要とされる専門性の1つとして位置づけられているのです。

　「全国保育士会倫理綱領」の前文は、「私たちは、子どもの育ちを支えます。／私たちは、保護者の子育てを支えます。／私たちは、子どもと子育てにやさしい社会をつくります。」と謳います。

　子育てについての専門職でもある保育士は、保育の営みを通して子どもの育ちを援助するとともに、その保護者の子育てに共感し、精一杯応援してほしいと思います。時には、子どもの最善の利益を保障する立場から、保護者に対して苦言を呈することも必要とされるでしょう。保護者に子育ての生きた知恵を発信してほしいと思います。そして、親と子の関係がよりよくなるように、また、保護者の養育力の向上に資する支援が行われていくことを願いたいと思います。

　さらには、このような社会状況であるからこそ、社会のありように関し、子どもの育ちや子育ての代弁者としての発言や行動に努めてほしいと思います。それが、「子どもと子育てにやさしい社会づくり」につながっていきます。保育士一人ひとりが「全国保育士会倫理綱領」を踏まえ、かつ、この綱領を行動規範として、地域における子育て支援、子どもと子育てにやさしい社会づくりのために活躍することに大きな期待を寄せたいと思います。

3.保育士資格法定化の概要と意義

保育士資格は、2003（平成15）年11月29日から、名称独占資格として児童福祉法に規定される資格となりました。保育士の業務（児童福祉法第18条の4）として、「児童の保育」と「児童の保護者に対する保育に関する指導」（保育指導）の2つ*が規定されています。

法定化により、保育士の権利と義務が生じます。権利としては、保育士の登録をした人しか保育士と名乗ってはならないという名称独占（法第18条の23）があげられます。名称独占とは、サービスの利用者を保護する観点から、ある一定の技能を有している者を国家が証明し、その証明を受けた者のみに特定の名称の使用を認めることをいいます。すなわち、保育という行為は誰が行ってもよいが、プロの保育と素人の保育とは質が異なり、それを利用者や第三者が見分けられるようにすることが名称独占の意義であるといえるでしょう。

これに伴い、法定化された義務は3つあります。その第1が、知り得た個人の秘密を守るという守秘義務（法第18条の22）であり、第2が信用失墜行為の禁止（法第18条の21）、第3が、新たに保育士の業務として明確化された保育指導業務に関する自己研鑽の努力義務（第48条の4第2項）です。守秘義務違反には罰則が適用され、また、登録の取り消しや保育士の名称使用の制限などの行政処分も行われます。

信用失墜行為の禁止とは「保育士は、保育士の信用を傷つけるような行為をしてはならない」というものであり、具体的には、犯罪行為や守秘義務違反、体罰行為などがあげられます。この違反に該当すると判断されると、保育士としての登録が取り消されたり、一定期間、保育士の名称を使用することができなくなったりする処分が知事により下されます。専門職として社会から認知

されるということは、社会的に重い責任が課せられることでもあると自覚したいと思います。

4.福祉専門職と倫理綱領

ところで、近年、福祉サービスの一般化や供給主体の多元化が進行するなか、サービス提供を担う事業主体や福祉専門職においては、ますます、その倫理性と責務の自覚が問われてくることとなります。

特に対人援助の専門職である福祉専門職は、その行為が利用者の人権や人としての尊厳、生命並びに発達などに大きな影響を与えるため、専門職としての倫理を守ることは絶対的に必要といえるでしょう。このため、ほとんどの福祉専門職をはじめとする対人援助専門職が専門職団体をつくり、また、法定化された倫理以外の事項も含めた独自の倫理綱領や、それを実践レベルに落とし込んだ行動規範を定めています。

全国保育協議会に続き、全国母子生活支援施設協議会や全国乳児福祉協議会、全国児童養護施設協議会などの施設種別協議会なども、各施設種別に固有の倫理綱領を採択しています。さらに、2008(平成20)年4月には、独立行政法人国立病院機構全国保育士協議会が「全国保育士会倫理綱領」を自らの倫理綱領として採択し、自らの業務にひきつけた行動規範ともいうべき解説を加えるなど、倫理綱領採択の動きが広がっています。

こうした倫理綱領、行動規範は、それぞれの専門職がもっとも大切にしている価値を実現するための具体的行動指標・規範であるといえます。それは、それぞれの専門職における価値と規範の共通理解を図るものであると同時に、利用者や連携する他の専門職種、一般市民、利用者などに対する役割の提示や宣言という意味ももっています。

「全国保育士会倫理綱領」は、保育所保育士(者)が行う援助

の共通原理、行動指標を示すものといえ、それは内部の規範であると同時に、外部に対する専門職としての決意表明でもあるのです。なお、「全国保育士会倫理綱領」は、同じく児童福祉施設である幼保連携型認定こども園の専門職である保育教諭にも適用される倫理だといえます。

5.「全国保育士会倫理綱領」の内容

　「全国保育士会倫理綱領」は、前文と8か条からなっています。まず、前文では、すべての子どもの受動的権利と能動的権利を認め、子どもが自ら育つ力を支え、保護者の子育てを支え、さらに、子どもの育ち、子育てを支援する専門職として、そこからみえてくることを社会に対して発信し、子どもと子育てにやさしい社会を創りあげることを高らかに謳いあげています。そして、続く8か条において、保育士の社会的使命と責務を簡潔に提示しているのです。

　まず、条文1は、保育士がもっとも依拠すべき行動原理は「子どもの最善の利益の尊重」であることを表現しています。条文2から4は、対人援助の専門職である保育士の「利用者に対する倫理」を表現しています。条文2は子どもとかかわる際の原理であり、それは「子どもの発達保障」であることを示しています。

　条文3は保護者とかかわる際の原理であり、それは「協力関係」、すなわち保護者とのパートナーシップであることが示されます。そして条文4は、その両者を支援する際の根源的倫理として、プライバシーの尊重、すなわち、保育を通して知り得た個人の秘密の守秘と個人情報の適切な取り扱いを謳っているのです。

　続いて条文5は、所属機関（この場合は保育所）における業務改善のための努力を表現しています。それは、職場内のチームワークと外部とのネットワークを図る姿勢、自己点検・自己評価に基づいて業務の改善に努力する姿勢として示されています。

条文6と7は、社会との関係に関する倫理を表現しています。条文6は、保育を通して理解された子どもと保護者のニーズを、社会に対して代弁していくことを求めています。そのうえで、行政や地域社会に働きかけていくことを表現しています。条文7は、地域のネットワークによって子育て家庭に対する支援を進め、子どもと子育てにやさしい地域社会づくりに貢献することを誓っています。

　最後の条文8は、文字どおり専門職としての責務を表現しています。それは、条文1から条文7までに示されている社会的使命・責務を誠実に果たしていくこと、そのための研修、自己研鑽に励むこととされています。

　全体を通じ、簡潔な表現のなかにも専門職としての厳しい自覚と守るべき倫理が示されているといえるでしょう。と同時に、保育所保育の原理も簡潔に表現されているのです。

6.倫理綱領を実践に生かすために

　どのような立派な倫理綱領があっても、それが空文化してしまってはなんにもなりません。倫理綱領が採択された次の課題は、この倫理綱領を実践に生かしていくことだと思います。そのためには、今後、保育士一人ひとりが倫理綱領の内容を実践に落とし込んでいく作業が必要とされます。

　このガイドブックでは、各条文の内容について詳しく解説するとともに、現場経験豊かな保育士が、倫理綱領のそれぞれの条文について実践事例をあげながら考察を進めています。各条文の解説を熟読した後、「もし、自分がそれぞれの事例の場面に遭遇したら……」という視点で各事例をお読みいただき、自らの保育観を確認していただくことをお薦めします。日々の保育や保護者とのかかわりにおいて生かされてこそ、倫理綱領は地に足のついたものとして定着していくことになります。

また、倫理綱領が利用者に周知されていくことも大切だと思います。たとえば、保育所の玄関などに、それぞれの施設の運営理念などとともにこの倫理綱領を掲げたいものです。倫理綱領が利用者にも周知され、また、個々の保育士の保育実践に落とし込まれることを通して子どもの育ち、子育てが保障され、子どもと子育て、いのちを育む営みをしっかりと評価し、大切にする社会づくりが進んでいくことを心から願っています。

＊2008（平成20）年版保育所保育指針解説書は、保育指導業務について、「子どもの保育の専門性を有する保育士が、保育に関する専門的知識・技術を背景としながら、保護者が支援を求めている子育ての問題や課題に対して、保護者の気持ちを受けとめつつ、安定した親子関係や養育力の向上をめざして行う子どもの養育（保育）に関する相談、助言、行動見本の提示その他の援助業務の総体をいう」と定義しています。

【参考文献】
1) 柏女霊峰『子育て支援と保育者の役割』フレーベル館、2003
2) 柏女霊峰「保育士の責務と倫理」『保育士会だより』2003年4月号、全国保育士会、2003
3) 柏女霊峰・小川益丸・御園愛子「てい談　全国保育士会倫理綱領と私たちの実践」『保育の友』第51巻第10号、全国社会福祉協議会、2003
4) 仲村優一監修『ソーシャルワーク倫理ハンドブック』中央法規出版、1999
5) 柏女霊峰・橋本真紀『保育者の保護者支援－保育指導の原理と技術－』フレーベル館、2008
6) 柏女霊峰「子ども家庭福祉専門職の課題－保育士資格の法定化と保育士の課題」『子ども家庭福祉サービス供給体制－切れ目のない支援をめざして－』中央法規出版、2008
7) 柏女霊峰『子ども家庭福祉論』誠信書房、2009
8) 柏女霊峰『これからの子ども・子育て支援を考える－共生社会の創出をめざして』ミネルヴァ書房、2017

II

「全国保育士会倫理綱領」条文解説

前文 P020~
1 P022~
2 P028~
3 P035~
4 P042~
5 P046~
6 P053~
7 P058~
8 P064~

前文

　すべての子どもは、豊かな愛情のなかで心身ともに健やかに育てられ、自ら伸びていく無限の可能性を持っています。
　私たちは、子どもが現在（いま）を幸せに生活し、未来（あす）を生きる力を育てる保育の仕事に誇りと責任をもって、自らの人間性と専門性の向上に努め、一人ひとりの子どもを心から尊重し、次のことを行います。
　　私たちは、子どもの育ちを支えます。
　　私たちは、保護者の子育てを支えます。
　　私たちは、子どもと子育てにやさしい社会をつくります。

解説

　前文は、子どもをいかなる存在ととらえ、どのような視点で保育を行うかという保育者の基本姿勢を表しています。保育所に勤務する保育士及び幼保連携型認定こども園に勤務する保育教諭（以下、保育士等）のみを対象とするのではなく、子どもの育ちに関わるすべての保育者のための倫理綱領として謳っています。
　「豊かな愛情のなかで心身ともに健やかに育てられ、自ら伸びていく無限の可能性を持っています」という一文は、「児童福祉法」第1条や「児童の権利に関する条約（子どもの権利条約）」の理念を受け、子どもの受動的権利と能動的権利を示しています。
　2018（平成30）年4月施行の「保育所保育指針」（以下、保育指針）及び「幼保連携型認定こども園教育・保育要領」（以下、教育・保育要領）は、各施設で取り組むべき保育の内容等に関する事項について示された告示です。その中で保育の基本原則及び目標については、「保育所は、子どもが生涯にわたる人間形成にとって極めて重要な時期に、その生活時間の大半を過ごす場である」（保育指針第1章の1の(2)のア）と共に、「乳幼

児期の教育及び保育は、子どもの健全な心身の発達を図りつつ生涯にわたる人格形成の基礎を培う重要なもの」（教育・保育要領第1章の第1の1）と記載されています。

　子どもは、自ら伸びゆく無限の可能性を備えています。保育士等は、愛情をもって育て養護するとともに、その可能性を最大限に広げるよう働きかける存在です。そして、その働きの基本には、子どもを権利の主体としてとらえ、その人権を守る理念があります。

　「子どもが現在（いま）を幸せに生活し、未来（あす）を生きる力を育てる」とは、一人ひとりの子どもたちが生きる瞬間瞬間が「最善」の状態であることが重要ということを表しています。子どもたちの生きる力を育て、その現在（いま）があすへつながり、あすの一日一日が未来をつくっていくということです。

　保育の仕事に対する誇りと責任、そして自らの人間性と専門性を常に磨く姿勢のもとに、続く3つのことについて行うことを宣言しています。

　第1は、子どもの育ちを中心に考える。第2は、その子どもの幸せのために保護者及び家庭への支援を行う。また、第3は、その家庭をとりまく社会への働きかけを自らの使命・役割とすることです。

　これら3つの働きかけにより、すべての保育者が子どもを中心として双方向につながり合います。

　この3つの関係において保育士等は、子どもの自ら伸びゆく力や保護者が自ら行う子育てを「支える」専門職です。常に子どもと保護者に寄り添い支えることを使命とすることの大切さを示しています。

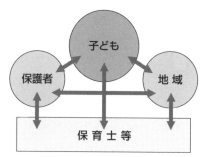

保育士等・子ども・保護者・地域のイメージ

1 子どもの最善の利益の尊重

> 私たちは、一人ひとりの子どもの最善の利益を第一に考え、保育を通してその福祉を積極的に増進するよう努めます。

解説

　保育士等の言動や判断は、すべて一人ひとりの「子どもの最善の利益」の尊重に根ざすとともに、その実現を目的とします。

　「最善の利益」の「最善」とは子どもにとっての「最善」を表し、それを最も大切なこととして追求する姿勢を示しています。特に、子どもの人権を守るための法的・制度的な根拠となる「児童福祉法」「児童憲章」「児童の権利に関する条約（子どもの権利条約）」等について理解すること、子どもを取り巻く家庭や地域の環境を踏まえ、生まれてから成人にいたるまでの発達を長期的視野でとらえながら、現在（いま）の福祉の増進を図っていくことが大切です。また、国籍や文化の違いを認め合い、互いに尊重する姿勢を保育士等が全員で確認することも重要です。さらに子どもを集団としてとらえるのではなく、一人の個としてとらえ、一人の人間として尊重し、子どもの立場で考え、子どもが主体的・意欲的に活動できるよう、一人ひとりの発達に応じた援助を通して心身ともに健やかに育つよう働きかけます。

事例1　子どもを中心に保護者支援を実践する

> ある日、男の子（Sくん）を抱いた母親が保育所にやって来ました。初めて見かける親子です。「あ

そばせてもらっていいですか？」と母親は少しぶっきらぼうに言います。「いいですよ。どうぞ」と明るく迎え、「名前はなんていうの？」と話しかけながら抱き上げると、からだの硬直感と異常なまでの緊張感が伝わってきます。保育士は、生後4、5か月くらいかなと思いながら「何か月ですか？」と聞くと、母親は「9か月」と無表情に答えます。

対応

　子どものからだの硬さや表情、反応などが気になり、母子の様子を観察しながらタイミングを見計らってうつぶせにすると、Ｓくんは火のついたように泣き出しました。母親は、「寝かせているといい子にしているんです。寝返りはまだしないけど、友だちに聞いたら『大丈夫』と言ったので気にしていません」と言います。からだを触りながらよく見ると、あざらしきものがあります。

　寝返りをしないのも、股間が開かないのも気になったので、とりあえず病院に行くことを勧めてみました。母親は、最初は「行く必要はないですから」と拒んでいましたが、他の子どもたちの様子を見て、「やっぱり行ってみたほうがいいですね」と言いました。

　数日後、「病的なものではないので、機能訓練に通うことにしました」と、報告に来た母親の表情にはちょっとした安堵感が漂っていました。

　それから、時々保育所に来ては、生活の不満や地域に馴染めないつらさを話すようになりました。母親には、家庭生活上の心理的な抑圧に加えて、感情のコントロールができにくく、育児に気持ちが向かない面も見受けられました。

保育士は、これらのことがSくんの成育や虐待にも関係しているかもしれないと考え、保健師や民生委員・児童委員、医師、児童相談所と連携をとり、いろいろな形でこの親子にかかわりをもてるように努めるとともに、行政的な配慮のなかでSくんが入所できるように計らいました。

対応のポイント

　保育士は、母親が保育所を訪れた事実を重く受けとめ、この親子が支援を求めていることを即座に感じ取っています。母親の気持ちや意向に配慮しつつも、まずは子どもの状態・状況を正確に把握することを優先させています。

　子どもの状態をよく観察したうえで、子どもの成長を阻害している要因は何かをさまざまな観点から考えてみなければならないでしょう。その際には、じっくりと親と子に向き合おうとする姿勢が大切です。一人ひとりの子どもが、今を楽しい、幸せと実感できるよう、保育士としてできる最善の努力をしていくことが求められます。

　子どもに適切な養育がされていない事実に、思わず親に対して「それではいけない」と言ってしまいたくなるかもしれません。しかし、保育士の働きかけの対象となるのは、親自身の人格ではなく、親と子どもの不適切な関係性であり、置かれている環境やその状況なのです。保護者自身がさまざまな問題を抱えている場合に、心を開いてもらうことは容易ではないかもしれません。しかし、まずは接触を継続させること、親子の関係に第三者が介入できることが大切です。

　事例のように、保育所・認定こども園の利用者

ではない保護者の場合には、特に、保護者との接点がもてることが最も重要です。子どもの最善の利益が問われる場面であるからこそ、自ら出向いてくれた母親の力を尊重し、保育士等が先走ったり離れてしまったりせずに、保護者と一緒に歩いていくような支援が必要とされています。

　保育所・認定こども園という接点を失わずに、子どもを常に見守り、地域の関係機関との連携を密にとります。そして、いつでも多面的な支援が可能な体制を整えておくことが、虐待を未然に防ぎ、親子関係が改善されるための持続的な支援となるのです。

子どもが安心できる居場所を模索しながらの支援

　Aくん（2歳）が保育所に入所しました。あそびに誘っても抱いて話しかけても、表情が硬く、泣くことも笑うこともなく、なかなか保育士に心を開いてくれません。また、食が細く食欲もありません。お風呂にもあまり入っていないようで、同じ服を着てくる日が続いたり、異臭がすることがあったりします。

　入所してしばらくは母親が送迎していましたが、そのうち、おば（父親の姉）が送り迎えをするようになり、母親は全く姿を見せなくなりました。心配して、おばに母親のことやAくんの家庭での様子を尋ねても何も話してくれません。

対応

　Aくんが笑顔で安心して過ごすことができるようにと、当分の間フリーの主任保育士がかかわることとなりました。抱っこやおんぶ、手をつなぐなどスキンシップを大切にしながら、穏やかにやさしくかかわるよう心がけました。排尿を失敗しても「きれいにしようね。気持ちよくなったね」と笑顔で語りかけます。職員間では、Aくんの育ちに合わせながら焦らずゆったりとした気持ちで保育をしていこうと話し合いました。また、Aくんが興味のあるものは何かと注意深く見守りながら、無理なくあそびに誘い、あそびを共有し受容と共感のなかで信頼関係を築いていくようにしました。

　一方で、福祉事務所と連絡をとり、地域の民生委員・児童委員や保健師とも情報を共有しました。

　主任保育士は、日々のおばとの接触やわずかな会話を大切にするよう心がけ、家庭訪問も繰り返し行いました。いつ行っても家の中は雑然とし、汚れたおむつや衣服が散乱し、布団も敷かれたままです。おばは母親が家を出て行ったので困っていると打ち明けました。不在がちな父親とも話し合いをもちましたが、途方にくれている様子で、育児や家事への協力はあまり期待できそうにありません。

　家庭の様子を知り、保育所でできることは何かと考え、おばの負担を少しでも軽くしようと、汚れ物は保育所で洗濯することにしました。また、Aくんが気持ちよく過ごせるように、入浴も保育所でするようにしました。いずれもできるだけ他の子どもに気づかれないよう配慮しながら行いま

した。
　現在、父親とも話し合いを続けながら、市の福祉課や保健師、児童相談所などと連携をとり、Aくんが安定して過ごすことができる環境をどうつくっていくか模索しています。

　目の前の一人の子どもの「最善の利益」は何なのか、そのために何をすべきか、保育の現場では常につきつけられる課題です。一人の子どもや家庭のおかれている状況は千差万別ですから、保育所・認定こども園や保育士等ができること、やるべきこともさまざまであり、場合によっては対応しきれないこともあるでしょう。
　事例では、まず、保育所がAくんの安心できる居場所となるよう配慮しています。家庭に安心できる環境がない場合、特に保育所における環境が重要となってきます。Aくんが安心して過ごせるよう、今、日常のなかでできることを実践していく一方で、中長期的にどういった支援をすべきかを考えなければなりません。
　保護者に養育力が期待できない状況においては、保育所・認定こども園のみでは対応できないことも出てくるでしょう。関連の専門機関との連携のもと、保育所・認定こども園の役割を明確にしながら最善の支援体制を模索していくことが大切です。

2 子どもの発達保障

> 私たちは、養護と教育が一体となった保育を通して、一人ひとりの子どもが心身ともに健康、安全で情緒の安定した生活ができる環境を用意し、生きる喜びと力を育むことを基本として、その健やかな育ちを支えます。

解説

保育は、常に「養護」と「教育」を一体として行います。子どもの心理的・身体的・社会的なすべての面に働きかけ、最良の状態とするための営みです。

子ども自ら「人・物・自然・事象」などに積極的に働きかけ、

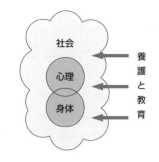

その相互作用のなかで豊かな心情・意欲・態度を身につけ、新たな能力を獲得しながら発達していきます。

保育士等は、乳幼児期の子どもの発達特性と一人ひとりの発達過程を、時には長期的な視点による見通しをもって、時には個性を尊重した視点をもって、発達の連続性に配慮しながら適切な援助を行う必要があります。また、生理的・身体的な諸条件や生育環境の違いによる個人差が大きいことに理解と配慮をしながら、一人ひとりの子どもの姿や興味・関心に基づいて、養護・教育のねらい・内容に照らし合わせ、総合的・計画的に環境を構成します。「大人との信頼関係」は発達の基盤となるもので、安心・安定した情緒的な絆の形成の「ありよう」が子どもの発達に大きく影響を及ぼします。リスクマネジメントに取り組み、安全（危険のないこと）な環境を

整えることも大切です。

　また、健やかな育ちのために「食」はとても重要です。「食育の推進」では、特別なことをするよりも、日々の保育のなかで食事の大切さを伝え、気づきにつなげていくことが重要です。食習慣の定着や食を通した人と人との関係づくりを大切にし、保育士等は、調理員、栄養士、看護師等と協力しながら食育を推進していくようにします。また、保護者との関係では、相談に応じたり、体験の場をつくるなど、具体的な場面を通した連携・協力の場をつくるようにしましょう。

乳児の場合〜赤ちゃんの発達を促す養護と教育の実践

①授乳の事例

　Hくんは3か月で入所してきました。抱っこしてミルクを飲ませようとすると、反り返って嫌がり決して飲もうとしません。

　家では母親が横になってテレビを見ながら飲ませているというので、寝かせて飲ませるとミルクをぐんぐん吸って飲みます。寝かせていると手足をばたつかせながら、機嫌よく過ごし、いつの間にか眠っています。抱かれることを嫌がること、あやしても反応がないこと、笑顔が見られないことが気になります。

②おむつ換えの事例

　6か月のSちゃんは、どんなに汚れていてもおむつを交換する際に嫌がって足をばたばたし、なかなか換えさせてくれません。

①保育士の対応（授乳の事例の場合）

　特定の保育士が抱いたり、笑顔で穏やかに語りかけたり、赤ちゃん体操をするなどスキンシップを通して「からだが触れ合って心地よい」と思える機会を多くもつようにしました。ミルクを飲ませるとき、最初は寝かせたままで抱くようにして顔を見合わせます。飲み込むリズムに合わせて「Hくん、おいしいね」「ごっくん、ごっくんね」などとゆったりした気持ちで語りかけていきました。そして少しずつ抱く角度をつけながら、ひざの中で安心してミルクを飲み、眠りにつけるよう誘っていきました。

　おなかがすくと大きな声で泣くため、そのサインに合わせて応えます。保育士の声が聞こえたり顔が見えると、保育士のほうを向いて声を出したり手足をばたつかせて、からだいっぱいで喜びを表現するようになりました。

　母親には、赤ちゃんの授乳は栄養補給という意味だけでなく、心を大きくしていくとても大切な行為でもあることを伝えました。ミルクを飲むとき、母親と目を合わせたり微笑みを交わし合うことで母親をどんどん好きになり、母親と一緒にいると安心したり嬉しかったりする気持ちが芽生えるのだと話していきました。

　母親は「授乳がそんなに大切だとは知らなかった」と驚いた様子でしたが、日がたつにつれて、「Hの気持ちがわかるようになった」「ミルクをよく飲むようになった」「笑い顔がかわいいのでなんだか嬉しい」という実感を得ているようです。

②保育士の対応（おむつ換えの事例の場合）

　保育士は、Sちゃんが楽しく感じられるようなおむつ交換にしたいと考え、おむつ換えコーナーを明るくあたたかな雰囲気が出るように工夫しました。また、おむつ交換はSちゃんとのふれあいの時として、「いない いない ばあ」であやしたり、「こちょ こちょ」とからだをくすぐったり、赤ちゃん体操やベビーマッサージを通して1対1のふれあいあそびを楽しむようにしていきました。

　横にすると嫌がっていたSちゃんですが、いつしか、「Sちゃん、きれいにしようね」と保育士が誘いかけると、手を出して抱っこを求め、おむつ交換マットで盛んに手足を動かし声を出して、保育士の働きかけを期待して待っている様子がうかがわれるようになりました。

対応のポイント

　2つの事例に共通して重要なのは、日常の場面における一つひとつの働きかけの積み重ねが子どもの心身の発達を促すという点です。

　授乳でもおむつ換えの場面でも、赤ちゃんが安心できる心地よい雰囲気において、やさしく抱き、言葉かけをしていくことで、赤ちゃんにとって保育士等は安心でき信頼できる居場所となっていきます。それによって、赤ちゃんが自ら飲む意欲を示したり、保育士等の働きかけを期待したり応答したりすることができるようになっていきます。

　また、これから何をするかをきちんと言葉で伝え、言葉をかけるという行為は、大人の思いやりや愛情を伝えるとともに、言葉と行為をつなぎ、少しずつ、言葉を聞いただけで行為を理解するよ

うになっていきます。言葉かけひとつにも養護と教育が一体となった働きかけがあるのです。
　子どもへの愛情や思いやりが一つひとつの働きかけを通して子どもに伝わり、それによって子どもとの関係が築かれます。そして、子どもはその信頼と愛情のある関係を基盤に「生きる喜びと力」を得て自ら伸びていくのです。

幼児の場合〜子どもの心の動きに寄り添う

　4歳のAちゃんは少し恥ずかしがりやであり、友だちの間でなかなか思うようにあそべません。この数日は砂をいろいろな容器に入れて型押しをして一人で楽しんでいます。よく見ていると、砂と水の混ぜ具合によって出来具合が違ってくることにも気づきはじめたようです。一人でいくつもの形を作って並べては壊し、並べては壊しを繰り返してあそんでいます。

　保育士は、このあそびを通してAちゃんが友だちとのかかわりをつくれないだろうかと考えていました。
　ある日、砂場で年長児4、5人が海や橋を作ってあそんでいました。そこで、「Aちゃん、お弁当を作って売りに行こうか」と誘うと、「うん、作る」とAちゃんはうなずきます。お弁当の容器を探してAちゃんに渡してみました。型押し名人のAちゃ

んはいろいろな形を作ってお弁当に見立てます。花や葉を飾っておいしそうなお弁当のできあがりです。

「Ａちゃん、お友だちにお弁当買ってーって言ってみる」と言うと、「うん」とは言うもののなかなか声が出ません。「おいしそうだから、みんな喜ぶよ」と促すと、少しためらいながらも「お弁当買って」と言いました。すると砂場であそんでいた年長児が「昼になったら買うよー、5つ作っといてー」と応えました。

Ａちゃんと保育士は大喜びで、張り切って5つのお弁当を作りました。「どんなのがいいかね」「おいしそうなの、作ろうね」と会話も弾み、Ａちゃんは張り切っています。そして、「たくさん作るの大変だから、Ｃちゃんに手伝ってもらおうか」という保育士の提案に、Ａちゃんは「Ｃちゃん、お弁当手伝ってー」と弾んだ声で誘ったのです。年長児が時々「Ａちゃんのお弁当できたー？」と声をかけてくれるので、Ａちゃんはますます張り切って「Ｃちゃん、花飾ろうか」などと相談しながらあそぶ姿もみられました。

母親にこの話をすると「Ａも友だちと一緒にあそぶことができるようになったんですね」と、とても嬉しそうな様子でした。

一人ひとりの子どもには、それぞれの発達の過程があります。個別の発達を観察してきちんと把握し、子どもの気持ちに寄り添いながら、保育士等の働きかけを媒介に子どもが自ら成長していくよう促します。

ここでも、なかなか友だち関係をつくれないＡちゃんの、型押しへの興味と意欲を保育士が受けとめ、まずその気持ちに寄り添います。そして、ＡちゃんとＣちゃんを取り巻く環境に働きかけることで、Ａちゃんが友だち関係をつくっていけるよう働きかけています。
　また、母親にもＡちゃんの成長を伝えて共有していますが、母親の嬉しさはＡちゃんの友だち関係を広げる後押しにもなっていくでしょう。

3 保護者との協力

　私たちは、子どもと保護者のおかれた状況や意向を受けとめ、保護者とより良い協力関係を築きながら、子どもの育ちや子育てを支えます。

解説

　保護者と保育所・認定こども園は、子どもの発達を協働して支えるパートナーです。保育指針第1章の1の（2）「保育の目標」イには、「保育所は、入所する子どもの保護者に対し、その意向を受け止め、子どもと保護者の安定した関係に配慮し、保育所の特性や保育士等の専門性を生かして、その援助に当たらなければならない。」と記されています。また、教育・保育要領第1章の第3「幼保連携型認定こども園として特に配慮すべき事項」7では、「幼保連携型認定こども園の目的の達成に資するため、保護者が子どもの成長に気付き子育ての喜びが感じられるよう、幼保連携型認定こども園の特性を生かした子育ての支援に努めること」と記されています。

　保育士等は、保護者と子育てのもつ豊かさを共感しながら、保護者の力を引き出すことが大切です。特に、家庭・家族の状況や子育てに対する考えを理解し、寄り添いながら信頼関係を築いていくことが大切です。受容的・共感的態度で保護者の話を聴いたり、保護者や子どもに必要な情報をわかりやすい方法で積極的に開示・提供したり、苦情に対しても職員が協力して適切な対応をするなど、日々の取り組みが重要です。

　また、保護者に「こうすべき」と要求したり、「あるべき保護者像」を求めたりすることがありますが、保護者や家庭の個別性や自己決定の権利を十分に尊重しながら、その力を信じて一緒に子どもを育てていく姿勢が大切です。保護者が自ら子どもにとっての「最

善」を選択できるように、専門性を発揮していくことが望まれます。
　障害のある子どもの保育では、家庭と緊密な連携はいうまでもなく、医療機関等の関係機関などとの連携を密にすることも大切です。また、障害のある子を育てている家庭は、悩みを共有したり相談し合ったりする相手が少ないことなどから、孤立しやすい傾向にあります。地域のサークル活動を紹介したり、ボランティアと結びつけたりするなかで、子どもの将来に向けた育ちの見通しが立てやすくなるように支援していくようにします。
　また、障害のない子どもやその保護者に障害について理解を深めるように働きかけ、環境を整えていくことも求められます。

親の心情に寄り添う

　2歳児のRくんは、いろいろな物へ次々と興味の対象が移り、保育所の中を活発に動き回っては一人で探索を楽しんでいます。物に対しては執着したり興味を示すのに、人に対しては関心が薄く保育士との関係もなかなかつくれません。最近、他の子どもへのかみつきがひどくなってきました。ちょっとしたことで泣き叫んだり、午睡中に「こわいー」と突然泣きだしたりします。
　母親に家での様子を聞くと、最近離婚し、引っ越しなどで家庭の状況が不安定であること、Rくんが家ではジュースばかり飲んで食事を嫌がり困っていることなどを話してくれました。

対応

　家庭が不安定な状況にあることを踏まえ、保育士はRくんに対してゆったりと愛情をもってかかわるよう心がけました。Rくんの行動や様子から気持ちのゆれを感じとり、やさしく語りかけたり抱いたりしながら、焦ることなくRくんとの信頼関係を築いていくようにしていきました。Rくんとの1対1でのかかわりを大切にし、「いつでもそばにいるよ」というメッセージを送り続けました。また、あそびのなかに少しずつ友だちを誘い、一緒の空間であそべるように配慮し、「○○くんと一緒だね」と友だちを意識できるように働きかけていきました。気に入らないことがあると、泣き叫んだり、友だちをかむこともありますが、Rくんの行動が少し落ち着きを見せはじめたころから、表情にやわらかさが出てきたように思えました。昼食のときもそばで一緒に食事をしながら、「おいしいね」「ぱりぱりと音がするね」と会話しながら、食べることは楽しいと思えるように気を配り、少しずつ食べる意欲がもてるように援助していきました。

　毎日の送迎のときには、親子に明るく言葉をかけ、話のきっかけをつくるようにしていきました。母親から話を引き出そうとするのではなく、Rくんが保育所で楽しく過ごしている話をしながら喜びを共有できるように心がけました。

　お母さんの表情や態度からお母さんの気持ちを汲み取り、そのときそのときに合わせて対応するようにしましたが、母親はなかなか心を開こうとしません。保育士がRくんの発達や日常生活について話をもちかけようとしても、「私なりの子育てをします」とまったく聞いてくれる様子はありませ

ん。「一人でも責任をもって育てたい」という母親に対して、どのような応援のメッセージを送ればいいのかと、保育士は悩みながらも常に母親の声に耳を傾けたいという気持ちで接していました。

　ある日、「先生、新しい仕事が見つかったの」と母親が自分から話しかけてきました。保育士が母親と一緒になって喜び、話が弾んでいるうちに、母親が自分のつらい気持ちや大変さを話しはじめました。母親との距離がぐっと近くなった気がしました。

対応のポイント

　保育士が、情緒不安定になっているRくんの状況をすぐにでも改善したいと焦れば焦るほど、母親の気持ちを受けとめることは容易でなくなるのかもしれません。しかし、母親が、離婚や引っ越しなどに直面し、心に余裕がない時期であることを理解し、母親がRくんに目を向けられない状況であるなら、保育所ではその分もRくんをきちんと養護する必要があります。

　真にRくんの育ちを支えるためには、保育所でのRくんの生活の安定に配慮することはもちろん、いかに保護者と信頼関係を築いていくかが問われます。さまざまな状況にある保護者の気持ちの変化や、時に、適切な関係を維持することが困難となる子どもと保護者の関係に、日々寄り添えるのは保育士です。

　事例にあるように、保育士等の働きかけと母親自身の変化が、相互作用で高められ、Rくんの育ちを支えていくように、日常的・長期的な視点で保護者と協働することが大切です。

事例2 障害のある子どもとその家族と共に

4歳9か月で入所してきたKちゃんは、生後4か月のときの病気の後遺症による重複障害があります。視力が非常に弱く言語理解にも困難があります。両親の「地域の子どもたちとかかわる機会をもたせたい」という強い願いにより、保育所へ入所することとなりました。

対応

入所にあたって、Kちゃんの両親から、Kちゃんの生育歴や家庭での生活の様子、気をつけていることなどを聞きながら、保育所での配慮事項や援助の仕方などを具体的に話し合っていきました。

そして、入所に先立ちしばらくの間、母親も保育所で一緒に過ごしました。Kちゃんの保育所での生活やあそびを見ながら、どんな場面でどう援助していくか、どんなことに配慮が必要かなど、一つひとつ母親の意見を聞きながら一緒に考えていくためです。また、Kちゃんにとって困難なこと、興味のあること、自分の力でできること、自分でやろうとしていることなどについて、職員全員で話し合いを重ね共通認識が図れるようにしました。

また、Kちゃんの障害の特性についても保育所内で勉強会をもちました。発作などの症状はどういった場合に起きやすいのか、起きた場合の対応の仕方など、家庭での様子を聞きながら、職員全員が共通理解をしていき、どの職員も対応できるように配慮していくことにしました。保育所の環

境も、Kちゃんの行動や目線に合わせながら見直し、Kちゃんが安全で安心して過ごすことができるように改善していきました。

　子どもたちは、Kちゃんと一緒に過ごし、あそぶなかで、Kちゃんの気持ちや行動が理解できずたびたびトラブルを起こしました。「なんでKちゃんは○○なの？」という他の子どもたちの疑問を保育士は丁寧に取り上げながら、子どもたちがKちゃんのありのままの姿を受けとめ理解していけるよう働きかけました。

　保育士は両親の不安な気持ちを受けとめ、Kちゃんの保育所での様子や、他の子どもとのかかわりについて送迎時や連絡帳で細かく伝えながら、Kちゃんの育ちへの喜びを共有しました。

　また、主治医や保健師とも綿密に連絡を取り合いながら、さまざまな連携のなかで保育を実践していくよう心がけています。

対応のポイント

　子どもの育ちを支えるために保護者との協力が不可欠であることは、障害のある子どもに限ったことではありません。しかし障害のある子どもの場合には、子どもの自立や社会生活への保護者の不安はより大きいものがあります。したがって、受け入れにあたって、まず保護者の思いや意向を受けとめるとともに、子どもの状態や家庭の状況を把握し、それに応じて環境を整えていくことが、保護者の安心や保育所・認定こども園や保育士・保育教諭への信頼につながります。

　また、障害のある子どもに対しては、他の子どもたちに受け入れられ安心できる居場所がつくら

れることが必要です。保育士等は、障害のある子どもの思いを汲み取り、他の子どもとのかかわりにおいて表現できない気持ちを代弁したり、みんなで考える機会をもてるよう配慮したりします。このような働きかけによって、障害のある子どもへの理解を促し、子どもたちが主体的によりよい関係をつくっていけるようになるのです。

　「保護者とのよりよい協力関係」を構築するために、日々の生活場面での対話や記録などのなかで、子どもの一つひとつの姿や育ちを共有することが欠かせません。そして、保護者の不安な気持ちを受けとめること、些細なことでもさまざまな関連機関を利用し意見を聞けるようにしておくことなど、日常の多様な関係性の一つひとつの積み重ねのうえに成り立ちます。

　また、「子どもの育ちや子育てを支える」ためには、その子どもの就学後や青年期、さらにその先までも含む長期的な視野も必要となります。特に障害のある子どもの場合は、就学先を決める場合など保護者の不安も大きいものです。医療機関など専門的なアドバイスも要することになりますから、その際にも保育士等と保護者との協力はより重要となるでしょう。

4 プライバシーの保護

> 私たちは、一人ひとりのプライバシーを保護するため、保育を通して知り得た個人の情報や秘密を守ります。

解説

　社会福祉の専門職としての保育士等は、利用者主体の情報共有とプライバシー保護の視点をもたなければなりません。

　児童福祉法第18条の22においても、守秘義務が規定されており、「保育士は、正当な理由がなく、その業務に関して知り得た人の秘密を漏らしてはならない。保育士でなくなった後においても、同様とする」とあります。また、保育指針では第1章の1の（5）「保育所の社会的責任」ウにおいて「保育所は、入所する子ども等の個人情報を適切に取り扱うとともに、保護者の苦情などに対し、その解決を図るよう努めなければならない」と個人情報の適切な取り扱いを明記しています。

　保育所・認定こども園では「児童票」「保育日誌」「連絡帳」など、子どもとその家庭に関するさまざまな記録が日常業務のなかで扱われています。さらに、保護者との会話で交わされる、家族関係や悩み事などといった記録には残らないような個人情報を得ることも多くあります。保育士等は、日常から個人情報に接する機会が多いことを自覚し、その保護に対する意識を高め、取り扱いについて常に慎重にするように意識しておく必要があります。

　個人情報にかかる外部機関との関係では、保育所においては、2009（平成21）年4月施行の保育指針から、保育所児童指導要録（子どもの育ちを支えるための資料）を小学校に送ることが定められています。幼保連携型認定こども園においては、2015（平成

27)年に内閣府、文部科学省、厚生労働省の連名通知「幼保連携型認定こども園園児指導要録について」で取扱い上の注意事項が示されています〔他の種類を含む認定こども園全体を対象とした通知は2009（平成21）年に発出〕。これらの作成においても同様に個人情報に十分配慮しなくてはなりません。

　なお、保育士等に限らず、児童虐待を発見した場合には、市町村、都道府県の設置する福祉事務所もしくは児童相談所に通告しなければなりません（児童福祉法第25条、児童虐待防止法第6条）が、この場合は法律で秘密漏洩罪その他の守秘義務違反にあたらないとされています（児童虐待防止法第6条第3項）。

事例1　連絡帳の管理をめぐってのトラブル

　Tちゃんの家庭は両親共働きであり、毎朝、家から保育所の近くの祖父母宅へ行き、保育所への送迎は祖父母がしています。

　母親と担任保育士は信頼関係があり、母親は連絡帳に家庭のこと、働きながら子育てをする大変さやつらさなど自分の気持ちも詳しく書いてくるほどでした。

　保育士は、母親の仕事と子育てを両立しようとする懸命な姿や、父親も祖父母もよく協力している様子に感動しました。そして、他の保護者の子育ての参考にしてもらえればと思い、クラス便りに連絡帳の内容を紹介しました。しかし、事前に十分な説明をせず明確な了解を得ないまま掲載したため、家族が憤慨してしまいました。

事例2 何気ないおしゃべりがトラブルを引き起こした

　Mちゃんは両親の離婚直後に入所しました。しばらく言葉が出なくなり、自分からトイレに行けずに漏らしてしまうことが続いていました。しかし、最近緊張もだいぶ解け、保育士に「トイレ」と言えるようになりました。今日は、初めて一人でトイレに行き、担任保育士に「一人で行ってきたよ」と報告がありました。

　担任保育士は、それがあまりに嬉しく、帰りのバスの中で同僚の保育士に、Mちゃんの成長を興奮して話しました。

　数日後、保育所に「先日、バスの中で、保育士が子どもの家庭のことなどを人に聞こえるような声でしゃべっていました。自分も子どもを保育所に預けているので不愉快でした」と電話が入りました。

　保育士は、Mちゃんが、家庭が大変ななかでどんなにがんばったかを興奮して話すうちに、家庭の状況についてもつい話してしまっていたのです。

　事例1は、連絡帳に対するプライバシー保護の認識の欠けていた例です。日頃の信頼関係を過信し油断があったのでしょう。こうした場合には必ず家族に掲載の了解をとります。仮名やイニシャルで掲載する場合でも個人が特定されないように、内容を変更することが必要です。

また、事例2にあるように記録だけでなく、保育士が保育を通して知り得た子どもや家庭に関する秘密があります。保育士は守秘義務に違反した場合に罰則があります（児童福祉法第18条の19）が、罰則があるから守るというのではなく、人権尊重の観点から個人情報や秘密を守ることは当然のことと考えるべきです。そのことは保護者とパートナーシップを築き、プロとして保育を行うために必要不可欠な常識といえます。

　保育所・認定こども園全体で個人情報や秘密とは具体的に何なのか、また、それらの扱い方をどうすべきかについて、園内研修などさまざまな場面を通して共通理解をすすめ、対応を徹底しておくべきでしょう。

5 チームワークと自己評価

> 私たちは、職場におけるチームワークや、関係する他の専門機関との連携を大切にします。
> また、自らの行う保育について、常に子どもの視点に立って自己評価を行い、保育の質の向上を図ります。

解説

　保育所・認定こども園では、担当の保育士・保育教諭だけでなく、多くの職員が連携・協力して子どもの育ちにかかわります。したがって、かかわりをもつ人たちの間で保育に関する共通認識をもち、チームワークにより実践することが重要になります。

　また、保育は一日の生活を視野に入れ、時にはソーシャルワークの視点で保護者や子どもを支援する必要があります。こうした場合に備えて、児童相談所、福祉事務所、民生委員・児童委員・主任児童委員等、地域の関係機関との連携も必要です。特に、保育指針第2章の4の(2)「小学校との連携」、教育・保育要領第1章の第2の1(5)「小学校教育との接続に当たっての留意事項」で指摘しているように、幼児期から学齢期にいたる発達の連続性を長期的にとらえながら、その発達を保障していく視点をもって連携していくことが重要です。身近な関係機関等を把握し、その役割・機能を理解するとともに、日常から意見交換や合同の研究の機会などを設けて、顔が見える関係を築いておくことが求められます。

　こうした地域の機関との関係を築くうえでは、地域の保育機能をお互いに高め合うための「支え、支えられる関係」を築くことが大切です。保育士等は、自らの専門性や自組織の機能の強化を図っていくことが求められてきます。保育指針では、第1章の3の(4)「保育内容等の評価」で、保育士等及び保育所の自己評価を努力義

務として明記しています。教育・保育要領では、第1章の第2の1の（1）で、「全体的な計画を作成すること、その実施状況を評価して改善を図っていくこと」を努力義務として明記しています。自らの保育の実践の振り返りと評価を行い、それに基づき計画の充実を図る「PDCA」（Plan／計画→Do／実践→Check／評価→Action／改善）の過程のなかで課題を明らかにし、自己の資質・保育の実践の向上を図ります。さらに、チームワークを含め、組織全体の営みを同様にPDCAサイクルを活用して高めていくように取り組みます。

　自己評価については、法人・施設の理念、「全国保育士会倫理綱領」及び「保育士の研修体系」、「保育所保育指針」、「保育所における自己評価ガイドライン」、「保育所版共通評価ガイドライン」、「保育所版内容評価基準ガイドライン」などを活用することができます。

事例1　チームワークによる支援

　2歳6か月で入所したKくんは、多動の傾向が目立ち、視線が全く合わず、急に奇声を発したりします。3歳児健診の日を母親に確認し、事前に直接保健センターに連絡し対応を行いました。後日、保護者から健診の結果を聞いたところ、「言葉の遅れがある」と言われたとのことでした。担任が保護者に専門医の受診を勧めてみたところ、いい返事はありませんでした。その後、母親はKくんの発達について話すことはなくなってしまいました。

一度関係が悪くなっている母親との関係を含め、今後どのように対応していったらよいかについて、担任保育士は主任保育士に相談をし、職員会議で取り上げてもらいました。

　職員会議のなかで、入所から半年余り、同年齢の子どもたちのなかで異なるわが子の姿を目の当たりにして、不安であっただろう母親の気持ちが十分に受けとめられていないことが指摘されました。また、母親の受診拒否は、3歳児健診で「言葉の遅れ」を指摘されたことにより、「自分の育て方が悪いのでは」という怖れや不安が大きくなっていたところに、感情を逆なでしてしまったからではないかという意見も出されました。

　そして、今後は、十分に母親の気持ちを受けとめ、信頼関係を築いていくことが大切であると共通に認識しました。Kくんに対しては、担任保育士を中心に1対1で視線を合わせての対話を多く持つように職員全員で心がけることや、他のクラスに入ってきても受けとめること、安全への配慮を共通に確認しました。

　Kくんの発達については、主任保育士が母親に対して窓口となることで母親との1対1のコミュニケーションを十分にとるとともに、必要な情報や認識を共有しやすい体制をとりました。担任保育士は、主任保育士と十分に報告・連絡・相談をするようにし、Kくんの発達の遅れに関することは、自分から直接母親と話すことは避けるようにしました。Kくんのよいところなどを中心に話し、母親の気持ちを受け入れるよう心がけることで信頼関係を築くことを最優先にしました。

対応のポイント

　事例の最初にあったように、何とかしたいという思いから保育士の気持ちばかりが空回りしていると、母親の心情の些細な変化に気づきにくくなります。保育士は、障害や発達の遅れのある子どもたちや家族への思いやり、支援の心構えを日頃から培っておくべきでしょう。保護者の対応を責めたり急がせたりせず、気持ちを共有し一緒に歩みましょうと伝えていくことが大切です。

　保護者との日頃からのよい関係を築くためには、担当保育士だけに任せるのではなく、保育所長をはじめその他の保育士や給食担当者など、職員全員が子どもの状況を正確に共通認識し、チームワークでの対応をすることが欠かせません。保護者にとって、自分たちのことをこんなに心配し応援してくれる人がいるという実感が、大きな支えになります。

　また、保育所・認定こども園は、毎日、子どもと親の様子を知ることができる特徴があります。常に職員間の報告・連絡・相談を有効に機能させることでその特徴を大いに生かすことができ、関連機関との連携もスムーズになるでしょう。

事例2 保育の質を自己評価する

H保育所では、最近子どもたちに落ち着きがなく、保育士の話をきちんと聞くことができないことが課題として職員会議に提議され、保育内容をもう一度見直してみようということになりました。

対応　保育内容の見直しにあたって、何か見直しの指標となるものを活用しようということになりました。そこで、「保育所版内容評価基準ガイドライン」の「保育内容」にある「一人ひとりの子どもを受容し、子どもの状態に応じた保育を行っている」という項目の、「評価の着眼点」について検討してみました。

☐ 子どもの発達と発達過程、家庭環境等から生じる一人ひとりの子どもの個人差を十分に把握し、尊重している。

☐ 子どもが安心して自分の気持ちを表現できるように配慮し、対応している。

☐ 自分を表現する力が十分でない子どもの気持ちをくみとろうとしている。

☐ 子どもの欲求を受けとめ、子どもの気持ちにそって適切に対応している。

☐ 子どもに分かりやすい言葉づかいで、おだやかに話している。

☐ せかす言葉や制止させる言葉を不必要に用いないようにしている。

これらの項目を1つずつチェックしていくと、なかなか実行できていないことがわかりました。さらに、なぜ実行できないかについて職員間で話し合ったところ、個人の資質の問題というより、保育所全体のデイリープログラムや年間の計画が集団中心になっており、子どもの主体性が十分に尊重されていないのではないかという意見も出されました。そこでまず、食事と午睡に入る前の音楽を見直してみることになりました。

　食事前に決まった音楽が流れると、保育士は一斉に子どもたちを食事に促すことに気をとられます。一人ひとりへの対応がおざなりになり、保育所全体のペースに合わせるために保育士の精神的負担にもなっていました。また、子どもたちも音楽に条件反射的に行動するため、読んでいた本を片づけられなかったり、おもちゃの片づけを放ってトイレに殺到したりという状況がありました。

　試行的に音楽のないなかで過ごしてみると、子どもたちが次に何をすべきか自主的に考える機会が増え、保育士も子どもを観察し待つことを意識するようになりました。そうすることで、生活の流れがゆったりくつろいだものとなり、保育士も一人ひとりの子どもの状態や気持ちを把握しやすくなりました。

　事例は、保育の質を高めるための自己評価の一例です。評価の仕方はさまざまで、たとえば、保護者から寄せられた苦情をもとに日々の保育を見直したり、保育指針、教育・保育要領を改めて読み直したりなど多様な方法があります。「保育所に

おける自己評価ガイドライン」（厚生労働省）は、「保育の自己評価は、自ら保育実践を振り返ること」「保育を通して子どもの変容する姿をとらえ振り返ること」の両面から行うことを示しています。

　いちばん大切なことは、まず保育実践を振り返るなかで課題を認識し、その課題について、なぜそうなったのか、どこが問題なのか、どうすれば解決できるのかなどについて、日常の保育の具体的な場面で考え、その改善を図ることです。また、改善を新たな計画に反映させていく保育の循環を実行していくことです。言い換えれば、PDCAサイクルを意識した実践の繰り返しによるたゆみない質の向上の営みが必要ということです。また、外部の評価を得るために、事例のように第三者評価を活用することも考えられます。

　また、保育士等一人ひとりが自身の保育を見直すことも重要ですが、保育所・認定こども園全体で行う自己評価を通して、「全体的な計画」そのものを改善し、より質の高い保育の提供を施設全体で実現していくことがより重要になります。「保育所における自己評価ガイドライン」を参考として各保育所・認定こども園で取り組みを充実することが求められます。

6 利用者の代弁

> 私たちは、日々の保育や子育て支援の活動を通して子どものニーズを受けとめ、子どもの立場に立ってそれを代弁します。
> また、子育てをしているすべての保護者のニーズを受けとめ、それを代弁していくことも重要な役割と考え、行動します。

解説

　保育士等は、第一に子どもの最善の利益を考え、その代弁者となることが必要です。そしてさらには保育所・認定こども園を利用する保護者等子育て家庭の代弁者となることも求められます。この場合、保育所・認定こども園を利用する子どもや保護者のみならず、地域のすべての子どもと保護者の代弁者としての意識をもつことが重要です。

　子どものニーズをとらえる際には、表面的な欲求だけでなく、その心情や感情などの内面をとらえ、身体的な状態や生活の状況も把握します。そのうえで、今ここで求められていることと長期的に求められていることの両面からニーズを考え、実践につなげていきます。

　また保護者の代弁者となり、保育内容や制度を充実していくような働き（ソーシャルアクション）につなげる必要があることもあります。たとえば、地域の子育て支援のニーズを受けとめ、NPOなどに親の集いの場や相談の場づくりを働きかけたり、時には自らがサービスを提供したりと、できることから取り組んでいきましょう。この場合、特に主任児童委員などをはじめとして、児童相談所や福祉事務所・学校・行政などの地域の関係者と連携・協働することが大切ですが、加えて自治会など地域の住民組織との関係も重要にな

ります。
　さまざまな場面で、社会福祉の専門職である保育士・保育教諭として必要なソーシャルワークの機能を活かしながら、子どもをとりまく家庭・地域・社会全体に視野を向け、常に子どもの福祉の向上を考える意識をもつことが必要です。

事例1　他の関係機関と共に行政を動かした事例

　知的障害のあるNくんが、保育所修了後の就学に向けてどのような準備をしていくかについて、保育士、保護者、医師、教育関係者、保健師、行政関係者が集まり話し合われました。その結果、B市にある特別支援学校がふさわしいということになりました。しかし、B市の特別支援学校は遠いうえに、スクールバスは隣のC市までしか運行されていません。ぜひ、当町まで運行してもらいたいと訴えましたがかないません。残された選択肢である町の小学校も、障害のある子どもの受け入れはこれまで行っておらず、Nくんの発達を保障する環境は期待できそうにありません。

対応

　何とかしてNくんの就学に向けた環境を整えたいとの思いで、保護者と保育士が一緒になり、医師や保健師とも協力し、町行政に訴えました。保育士は町内の同様な悩みを抱える子どもと親の情報も得て、当事者として一緒に運動してもらうよう働きかけました。その結果、町がスクールバスの

来ているC市まで送迎バスを出すこととなりました。その後こうした経過を見て、県がスクールバスの路線を変更し、当町までの運行がなされることとなりました。Nくんは現在自宅の近くのバス停からスクールバスで特別支援学校に通っています。

対応のポイント

　保育士がNくんのために働きかけた重要な場面が2つあります。1つは、就学にあたってさまざまな関係機関との話し合いに専門職として参加した場面です。Nくんの心身の発達の過程を知り、記録を持つ保育士の役割は重要です。

　次に、保育所に通っているNくんだけではなく、同様の悩みをもつ地域の子どもや家庭をまきこんでそのニーズを町行政に訴えていく場面です。Nくんの保育を通して障害のある子どもとその家族のニーズを理解し、地域のニーズについても受けとめてその最善の利益のために代弁しています。

　保育士等は、日常の生活のなかにあるニーズを生活のなかでいかに満たしていくのかを考え行動するところに専門性があると言えます。そしてその視点で、行政や地域に向かってニーズが満たされるために働きかけます。

　この事例では、就学の環境を他市で整えることで対応しましたが、利用者の個別のニーズや状況によっては、積極的に地域の人々や他の専門機関と協力し、当該地域での受け入れ環境の整備を検討し、実現を図っていくような取り組み（ソーシャルアクション）につなげることも大切です。

事例2 地域社会に働きかけた事例

K保育所は繁華街に位置しています。最近、主任保育士のAさんは、子どもたちがお昼の食事にでる野菜の名前やその育ち方を知らないこと、土や草木など自然に触れる機会や栽培するなど、実体験の機会をもちにくいことが気になっています。子どもたちのほとんどがマンションや団地に住む核家族世帯で、地域には広い公園もありません。

 対応

まずは、保育所でできることをやってみましたが、保育所の庭は狭く、子どもたちが思う存分にからだを動かすこともできずに十分な体験を得られません。

保護者会でも「野菜や土に触れる機会がほしい」「栽培することで命を育てることを体験したい」「できればそれを普段接する機会の少ない2世代以上の方と協働したい」などの要望があったことも踏まえ、職員会議で話し合いをしました。そこで、町の社会福祉協議会のボランティアセンター担当者であるTさんに、地域で協力してくれるような方がいないか相談することとなりました。

しばらくして、町内のある高齢者の方から、耕作していない畑があるので使ってもよいという申し出がありました。Aさんは、ぜひ地域の高齢者と子どものふれあいの機会にしたいと考え、老人クラブに相談しました。担当保育士が栽培計画を作成し、それに沿って定期的に老人クラブの会員が

手伝いや栽培方法などの指導をしてくれることになりました。

　畑作業が始まると、うねづくり、苗植え、草取りなど高齢者が子どもたちに丁寧に教えてくれ、作業の後には一緒におやつをいただき、歌を歌い子どもたちも高齢者も「畑の日」を楽しみにするようになりました。収穫の時期には、保育所で「クッキング保育」や「収穫祭」を企画し、老人クラブの方がたと共に食事を楽しみ、収穫を祝いました。

　利用者である子どもやその家族が繁華街近辺のマンションや団地での生活をしていることから、家庭では実現できないニーズを地域に訴え働きかけることによって満たした事例です。

　地域のさまざまな団体や機関とつながりのある社会福祉協議会にAさんが相談をしたのは、場所の提供だけでなく、人と人とのつながりも得たいとの思いがあったからです。結果として、保育内容の充実のみならず、地域のなかにたくさんのつながりを生み出して、地域に変化をもたらしたと言えるでしょう。

　利用者のニーズを敏感にとらえること、まず自らが対応を試みること、地域や行政、他機関に代弁すること、それらと協働すること、これらすべてを実行していく力量が求められています。

7 地域の子育て支援

> 私たちは、地域の人々や関係機関とともに子育てを支援し、そのネットワークにより、地域で子どもを育てる環境づくりに努めます。

解説

　子どもは地域社会のなかで育つ存在です。したがって、子育て支援も地域の人々や関係機関とのネットワークのなかで実践することが必要です。

　児童相談所、福祉事務所、市町村行政の保育担当部局・相談窓口、市町村保健センター、民生委員・児童委員、主任児童委員、療育センター、教育委員会などとの連携は重要です。さらに、医療機関、学校、放課後児童クラブ、児童館、ファミリーサポートセンター、幼稚園、幼児教育センターなど、保育所以外の子育て関係機関や団体などについても把握しておくようにしましょう。

　また、「知っている」だけでなく、地域等に作られている「連絡会」や「協議会」といったネットワークに参加し、日頃から「顔の見える関係」を築いておき、必要なときにお互いが協力し合える（活用し合える）関係を築いておくことが大切です。

　特に、要保護児童対策地域協議会（子どもを守る地域ネットワーク）は、虐待を受けた子どもをはじめとする要保護児童の早期発見や保護を目的としたネットワークとして重要です。保育所・認定こども園はこの協議会の一員となって事例検討に参画し、子どもや子育て家庭の支援を分担して推進していくことが期待されています。

　地域のすべての子どもや子育て家庭の支援を充実していくためには、前述した関係機関などの子育てに関する機関との連携等を進めるとともに、自らの取り組みとして地域全体の保育機能を高めてい

く視点が重要です。その際、地域で必要とされているサービスで不足しているものなどがあれば、自ら取り組んだり、新しいサービスを創出したりするような姿勢が大切です。

　このように、保育所・認定こども園には、地域の子育て支援の拠点として、提供できる役割と機能を地域の状況に合わせて備え、関係機関や団体・地域住民と共に、子育てが豊かで楽しいと思える「子育てにやさしいまちづくり・環境づくり」を地域の一員として連携により担っていくことが求められています。

保育所を地域に開いて

　A親子が保育所の地域子育て支援センターに来るようになってまだ数回です。母親は、積極的に他の親たちの輪に入っていくことはなく、保育士にも自分から言葉をかけることはあまりありません。Aちゃん（2歳）は子どもの集団に入っていけず、自分の思い通りにいかないとパニックになり、しばしば大声で泣くことがあります。

　保育士は、この母親にとっては来所するだけでもかなりの勇気が必要だったであろうことを察し、継続して来てもらえることを最優先にしました。
　まずは、いつも明るい笑顔で迎えます。子どもがパニックになったときには、保育士がそばに寄り添って対応し、母親が一人で周囲に気をつかって気まずい思いをしないように心がけました。また、保育士が子どもをかわいがっている姿、楽しそうにあそんでいる姿を積極的に見てもらいまし

た。そして、母親にも一緒にやってもらい、子どもと一緒に楽しい時間を体験してもらうようにしました。

　また、センターに来ている、自分で子育てサークルを運営している方を紹介したり、子育て経験のある先輩の親たちと話すきっかけをつくったりしました。このように、A親子のまわりに、気軽に相談でき、さりげないアドバイスをもらえる環境ができるように働きかけました。

対応のポイント

　孤立せず、喜びをもって子育てを行える地域社会をつくっていくために、地域子育て支援センターの役割は重要です。

　地域子育て支援センターの職員は、明るく楽しい雰囲気をつくり、子どもにも保護者にも安心を与えるような心がけが必要です。保護者が「この人になら、自分の悩みが話せる」と思えるような関係ができれば、自然に子どもへのかかわり方も学んでもらうことができます。「子育ては大変だけど楽しくやりがいがある」と思えるように導いていきましょう。

　保護者にも子どもにも、みんなと一緒にあそぶおもしろさや楽しさを体験してもらい、保護者同士の関係づくりを手助けすることも保育士等に求められています。それぞれの親子を対象として子育てを支援するとともに、地域のなかでの人と人とのつながりをつくるような働きかけをすることも重要な役割なのです。

事例2 地域の人と協働して

　N保育所では、数年前から一時保育や園庭開放など地域の子育て家庭を対象とする事業をしてきました。事業を継続していくなかで、職員間では保育所にやってこない親子こそ子育て支援が必要なのではないかという意見が出される一方、保育所でできることには限界があるという意見も出されました。そのようななか、地域にはさまざまなかたちで子育て支援を行っている人やグループがあることを知り、グループの人たちとうまく協力することができるのではないかということになりました。

対応

　N保育所に以前からかかわりのあった民生委員・児童委員に聞いてみたところ、地域の公民館などで定期的に子育てサークルが開催されているようです。

　サークルの運営にかかわっている民生委員・児童委員の方と話をしてみました。あそびの紹介をしたり、育児講座で親の相談にのったりしてほしいということで、保育士が協力することになりました。

　サークルのなかでは、あそびをしながらさまざまな子育ての疑問や不安を共有したり、保育士がアドバイスしたりしました。子育ての不安は仲間と共有することで解消されることが多いように感じました。なかでも特に不安の強い人やあまりグループに入っていけない人には、N保育所に来て

あそんでもらったり、個別に保育士が話を聞いたりします。また逆に、保育所に来た親子にサークルを紹介することもあります。

　1つのサークルにかかわったことで、公民館や民生委員・児童委員、地域の保護者を通して他のサークルにも支援してほしいという声も出るようになってきました。

　今後、地域の子育て支援をどうしていくかについては、職員会議で話し合いをもち、一部の担当職員だけが行うのではなく、全員が交代でかかわり問題意識を共有しようということにしています。そうすることで、地域に出向いての支援の際には、お互いに業務を補完し合う体制もつくりやすくなりました。

　N保育所では、今後も保育士が保育所で直接支援できること、または、地域にある子育て支援の資源の発見・協力によって間接的に支援できることを考えながら、子育て支援のニーズに応えていきたいと考えています。

　地域には、保育所・認定こども園だけでなく多様な子育て支援の機関があります。事例では、民生委員・児童委員を通して、地域の子育てサークルとの連携により地域の子育て支援を行っています。

　保育所・認定こども園ではさまざまな子育て支援事業を行っていますが、その一つひとつが、地域における子育て支援のなかでどのような位置にあり、どのような役割を担っているのかについて、職員全員が共通認識をもつことが大切です。

また、発見したニーズを実践につなげていくためには、職場内での協力体制や事例にあるような他の資源の活用、他機関との連携は欠かせません。
　このように子育て中の親も含めた地域の人々や関連機関と対話をもつなかで、保育士等が子育て支援のニーズを発見し応えていく姿勢が求められています。

8 専門職としての責務

　私たちは、研修や自己研鑽を通して、常に自らの人間性と専門性の向上に努め、専門職としての責務を果たします。

解説

　保育指針では、保育所の保育士について、「保育所の役割及び機能が適切に発揮されるように、倫理観に裏付けられた専門的知識、技術及び判断をもって、子どもを保育するとともに、子どもの保護者に対する保育に関する指導を行う」(第1章の1の(1)エ)とし、保育指針と別に示された解説書において、保育士の専門性について次の6つをあげています。

①これからの社会に求められる資質を踏まえながら、乳幼児期の子どもの発達に関する専門的知識を基に子どもの育ちを見通し、一人一人の子どもの発達を援助する知識及び技術
②子どもの発達過程や意欲を踏まえ、子ども自らが生活していく力を細やかに助ける生活援助の知識及び技術
③保育所内外の空間や様々な設備、遊具、素材等の物的環境、自然環境や人的環境を生かし、保育の環境を構成していく知識及び技術
④子どもの経験や興味や関心に応じて、様々な遊びを豊かに展開していくための知識及び技術
⑤子ども同士の関わりや子どもと保護者の関わりなどを見守り、その気持ちに寄り添いながら適宜必要な援助をしていく関係構築の知識及び技術
⑥保護者等への相談、助言に関する知識及び技術

保育士等は、この専門性を踏まえつつ、社会福祉の専門職としての強い自覚と自らの行為に対する責任感をもち、知識・技術の習得に意欲的に学んでいかなければなりません。また、専門職としての適切な「判断」を行うためには、判断の基盤となる専門的知識はもとより、気づきのセンス、豊かでバランスのとれた感性にも磨きをかける必要があります。

　保育指針解説書の第5章「職員の資質向上」では、「全国保育士会倫理綱領」について言及しています。このことを誇りに思い保育士資格を持つ者は、「全国保育士会倫理綱領」の条文にある内容すべてについて実践していくことを保育士の責務としていく必要があります。

保育の質を高め続けるために

　子どもや保護者・地域との関係性のなかにこそ日々の保育の実践があります。そして、そのなかで保育士・保育教諭には、自身の力量をいかに発揮していくかということが専門職として問われています。保護者や地域社会に対しての説明責任や保育の情報提供、自己評価や第三者評価、苦情解決などの仕組みの活用による、透明性の確保や質の向上への取り組み、さらに、保育士・保育教諭が自らの実践・技術について、適切に言葉にしてまとめたり、科学的な根拠（エビデンス）を示して保育を実践することが求められてきています。

　また、保育所・認定こども園の理念、保育内容や実践の方法を明示した「全体的な計画」を施設長と共に編成し、それに基づいて実践していく力量も重要です。

　児童福祉法では、保育士の義務として、自己研鑽に努めること、相談・助言に関する知識・技術を学ぶことが規定されていますが、このことを日々の取り組みとしていかなくてはなりません。

　全国保育士会では、さらなる専門性の向上を目指して、『保育

士・保育教諭の研修体系　〜保育士・保育教諭の階層別に求められる専門性〜』を策定しましたので、研修や自己研鑽に活用してください。

日々の積み重ねを個人で、保育所で、地域で

　これまでに述べた内容は、すべての専門職としての当然の責務であり、実際は身近で地道な日常の積み重ねのなかで取り組んでいくことが大切です。

　個人としては、さまざまな媒体を通して新しい情報を得る、法律や制度の新しい動きを把握する、社会福祉や児童福祉、子どもに関する書籍や雑誌、研究論文、インターネットの情報について、自分なりの考えを文章にまとめることなどが考えられます。また、保育所・認定こども園の段階としては、定期的な事例検討会や勉強会を開催したり、地域の保育所・認定こども園、児童福祉施設、教育機関など子どもにかかわる関係者が集まり、子どもをめぐる環境づくりや課題について共に学ぶ機会をつくっていくようなことも大切です。

　なお、研修については、具体的な仕事を通じて、必要な知識・技術・技能・態度などを、意図的・計画的・継続的に学ぶOJT（On-the-Job-Training）、職場を離れて行うOFF-JT（OFF-the-Job-Training）、費用や休暇等の付与といった間接的な形で研鑽を支援する自己啓発援助制度SDS(self-development-system)などがあります。しかし、そのいずれも自ら学びたいという意欲や学びの喜びをもち、主体的に取り組むことがなくては効果が低くなるといえます。やらなくてはならないという義務感よりも、専門職としての自覚に裏付けられた誇りと向上心によって、常に自らを磨き続けていきたいものです。

さいごに

　すべての条文は、内容的にそれぞれ関連し合っています。
　「全国保育士会倫理綱領」は、そこに示された内容・意義について、一人ひとりの適切な認識のもとに、意識に深く根ざし、それが行動となって現れることが必要です。
　保育士資格をもつ者は、自らの責務と役割について、認識を新たによりよい保育を実践していくことが求められます。
　一人ひとりが、この倫理綱領に謳うすべてのことがらについて、当然のこととして行動していけるようになってこそ意義があるといえます。
　「全国保育士会倫理綱領」を行動規範とし、常に自らの人間性と専門性を見つめ直す姿勢と向上心をもつことによって、日々の保育をよりよくしていく。それこそが、前文に謳う次の3つの事項を実現し、一人ひとりの子どもの最善の利益を実現していくことにつながるのです。

　　私たちは、子どもの育ちを支えます。
　　私たちは、保護者の子育てを支えます。
　　私たちは、子どもと子育てにやさしい社会をつくります。

参考資料

1 ●児童福祉法（抜粋） ・・・・・・・・・・・・・・・70

2 ●児童憲章 ・・・・・・・・・・・・・・・・・・・・78

3 ●保育所保育指針 ・・・・・・・・・・・・・・・・・79

4 ●幼保連携型認定こども園教育・保育要領・・109

5 ●倫理綱領 ・・・・・・・・・・・・・・・・・・・140

児童福祉法（抜粋）

第1章　総則

第1条　全て児童は、児童の権利に関する条約の精神にのつとり、適切に養育されること、その生活を保障されること、愛され、保護されること、その心身の健やかな成長及び発達並びにその自立が図られることその他の福祉を等しく保障される権利を有する。

第2条　全て国民は、児童が良好な環境において生まれ、かつ、社会のあらゆる分野において、児童の年齢及び発達の程度に応じて、その意見が尊重され、その最善の利益が優先して考慮され、心身ともに健やかに育成されるよう努めなければならない。

2　児童の保護者は、児童を心身ともに健やかに育成することについて第一義的責任を負う。

3　国及び地方公共団体は、児童の保護者とともに、児童を心身ともに健やかに育成する責任を負う。

第3条　前2条に規定するところは、児童の福祉を保障するための原理であり、この原理は、すべて児童に関する法令の施行にあたつて、常に尊重されなければならない。

第2節　定義

第4条　この法律で、児童とは、満18歳に満たない者をいい、児童を左のように分ける。

1　乳児
　満1歳に満たない者
2　幼児
　満1歳から、小学校就学の始期に達するまでの者
3　少年
　小学校就学の始期から、満18歳に達するまでの者

2　この法律で、障害児とは、身体に障害のある児童、知的障害のある児童、精神に障害のある児童（発達障害者支援法（平成16年法律第167号）第2条第2項に規定する発達障害児を含む。）又は治療方法が確立していない疾病その他の特殊の疾病であつて障害者の日常生活及び社会生活を総合的に支援するための法律（平成17年法律第123号）第4条第1項の政令で定めるものによる障害の程度が同項の厚生労働大臣が定める程度である児童をいう。

第5条　この法律で、妊産婦とは、妊娠中又は出産後1年以内の女子をいう。

第6条　この法律で、保護者とは、親権を行う者、未成年後見人その他の者で、児童を現に監護する者をいう。

第7条　この法律で、児童福祉施設とは、助産施設、乳児院、母子生活支援施設、保育所、幼保連携型認

定こども園、児童厚生施設、児童養護施設、障害児入所施設、児童発達支援センター、児童心理治療施設、児童自立支援施設及び児童家庭支援センターとする。

第7節 保育士

第18条の4　この法律で、保育士とは、第18条の10第1項の登録を受け、保育士の名称を用いて、専門的知識及び技術をもつて、児童の保育及び児童の保護者に対する保育に関する指導を行うことを業とする者をいう。

第18条の5　次の各号のいずれかに該当する者は、保育士となることができない。
1　成年被後見人又は被保佐人
2　禁錮以上の刑に処せられ、その執行を終わり、又は執行を受けることがなくなつた日から起算して2年を経過しない者
3　この法律の規定その他児童の福祉に関する法律の規定であつて政令で定めるものにより、罰金の刑に処せられ、その執行を終わり、又は執行を受けることがなくなつた日から起算して2年を経過しない者
4　第18条の19第1項第2号又は第2項の規定により登録を取り消され、その取消しの日から起算して2年を経過しない者
5　国家戦略特別区域法（平成25年法律第107号）第12条の5第8項において準用する第18条の19第1項第2号又は第2項の規定により登録を取り消され、その取消しの日から起算して2年を経過しない者

第18条の6　次の各号のいずれかに該当する者は、保育士となる資格を有する。
1　都道府県知事の指定する保育士を養成する学校その他の施設（以下「指定保育士養成施設」という。）を卒業した者
2　保育士試験に合格した者

第18条の7　都道府県知事は、保育士の養成の適切な実施を確保するため必要があると認めるときは、その必要な限度で、指定保育士養成施設の長に対し、教育方法、設備その他の事項に関し報告を求め、若しくは指導をし、又は当該職員に、その帳簿書類その他の物件を検査させることができる。
2　前項の規定による検査を行う場合においては、当該職員は、その身分を示す証明書を携帯し、関係者の請求があるときは、これを提示しなければならない。
3　第1項の規定による権限は、犯罪捜査のために認められたものと解釈してはならない。

第18条の8　保育士試験は、厚生労働大臣の定める基準により、保育士として必要な知識及び技能について行う。
2　保育士試験は、毎年1回以上、都道府県知事が行う。
3　保育士として必要な知識及び技能を有するかどうかの判定

に関する事務を行わせるため、都道府県に保育士試験委員(次項において「試験委員」という。)を置く。ただし、次条第1項の規定により指定された者に当該事務を行わせることとした場合は、この限りでない。

4 試験委員又は試験委員であつた者は、前項に規定する事務に関して知り得た秘密を漏らしてはならない。

第18条の9　都道府県知事は、厚生労働省令で定めるところにより、一般社団法人又は一般財団法人であつて、保育士試験の実施に関する事務(以下「試験事務」という。)を適正かつ確実に実施することができると認められるものとして当該都道府県知事が指定する者(以下「指定試験機関」という。)に、試験事務の全部又は一部を行わせることができる。

2 都道府県知事は、前項の規定により指定試験機関に試験事務の全部又は一部を行わせることとしたときは、当該試験事務の全部又は一部を行わないものとする。

3 都道府県は、地方自治法(昭和22年法律第67号)第227条の規定に基づき保育士試験に係る手数料を徴収する場合においては、第1項の規定により指定試験機関が行う保育士試験を受けようとする者に、条例で定めるところにより、当該手数料の全部又は一部を当該指定試験機関へ納めさせ、そ

の収入とすることができる。

第18条の10　指定試験機関の役員の選任及び解任は、都道府県知事の認可を受けなければ、その効力を生じない。

2 都道府県知事は、指定試験機関の役員が、この法律(この法律に基づく命令又は処分を含む。)若しくは第18条の13第1項に規定する試験事務規程に違反する行為をしたとき、又は試験事務に関し著しく不適当な行為をしたときは、当該指定試験機関に対し、当該役員の解任を命ずることができる。

第18条の11　指定試験機関は、試験事務を行う場合において、保育士として必要な知識及び技能を有するかどうかの判定に関する事務については、保育士試験委員(次項及び次条第1項において「試験委員」という。)に行わせなければならない。

2 前条第1項の規定は試験委員の選任及び解任について、同条第2項の規定は試験委員の解任について、それぞれ準用する。

第18条の12　指定試験機関の役員若しくは職員(試験委員を含む。次項において同じ。)又はこれらの職にあつた者は、試験事務に関して知り得た秘密を漏らしてはならない。

2 試験事務に従事する指定試験機関の役員又は職員は、刑法(明治40年法律第45号)その他の罰則の適用については、法令により公務に従事する職員

とみなす。

第18条の13　指定試験機関は、試験事務の開始前に、試験事務の実施に関する規程(以下「試験事務規程」という。)を定め、都道府県知事の認可を受けなければならない。これを変更しようとするときも、同様とする。

2　都道府県知事は、前項の認可をした試験事務規程が試験事務の適正かつ確実な実施上不適当となつたと認めるときは、指定試験機関に対し、これを変更すべきことを命ずることができる。

第18条の14　指定試験機関は、毎事業年度、事業計画及び収支予算を作成し、当該事業年度の開始前に(指定を受けた日の属する事業年度にあつては、その指定を受けた後遅滞なく)、都道府県知事の認可を受けなければならない。これを変更しようとするときも、同様とする。

第18条の15　都道府県知事は、試験事務の適正かつ確実な実施を確保するため必要があると認めるときは、指定試験機関に対し、試験事務に関し監督上必要な命令をすることができる。

第18条の16　都道府県知事は、試験事務の適正かつ確実な実施を確保するため必要があると認めるときは、その必要な限度で、指定試験機関に対し、報告を求め、又は当該職員に、関係者に対し質問させ、若しくは指定試験機関の事務所に立ち入り、その帳簿書類その他の物件を検査させることができる。

2　前項の規定による質問又は立入検査を行う場合においては、当該職員は、その身分を示す証明書を携帯し、関係者の請求があるときは、これを提示しなければならない。

3　第1項の規定による権限は、犯罪捜査のために認められたものと解釈してはならない。

第18条の17　指定試験機関が行う試験事務に係る処分又はその不作為について不服がある者は、都道府県知事に対し、審査請求をすることができる。この場合において、都道府県知事は、行政不服審査法(平成26年法律第68号)第25条第2項及び第3項、第46条第1項及び第2項、第47条並びに第49条第3項の規定の適用については、指定試験機関の上級行政庁とみなす。

第18条の18　保育士となる資格を有する者が保育士となるには、保育士登録簿に、氏名、生年月日その他厚生労働省令で定める事項の登録を受けなければならない。

2　保育士登録簿は、都道府県に備える。

3　都道府県知事は、保育士の登録をしたときは、申請者に第1項に規定する事項を記載した保育士登録証を交付する。

第18条の19　都道府県知事は、保育士が次の各号のいずれかに該当する場合には、その登録を取り消さなければならない。

1　第18条の5各号(第4号を除く。)のいずれかに該当するに至つた場合

	2 虚偽又は不正の事実に基づいて登録を受けた場合
	2 都道府県知事は、保育士が第18条の21又は第18条の22の規定に違反したときは、その登録を取り消し、又は期間を定めて保育士の名称の使用の停止を命ずることができる。
第18条の20	都道府県知事は、保育士の登録がその効力を失つたときは、その登録を消除しなければならない。
第18条の21	保育士は、保育士の信用を傷つけるような行為をしてはならない。
第18条の22	保育士は、正当な理由がなく、その業務に関して知り得た人の秘密を漏らしてはならない。保育士でなくなつた後においても、同様とする。
第18条の23	保育士でない者は、保育士又はこれに紛らわしい名称を使用してはならない。
第18条の24	この法律に定めるもののほか、指定保育士養成施設、保育士試験、指定試験機関、保育士の登録その他保育士に関し必要な事項は、政令でこれを定める。

第2章 福祉の保障

第3節 助産施設、母子生活支援施設及び保育所への入所等

第24条	市町村は、この法律及び子ども・子育て支援法の定めるところにより、保護者の労働又は疾病その他の事由により、その監護すべき乳児、幼児その他の児童について保育を必要とする場合において、次項に定めるところによるほか、当該児童を保育所（認定こども園法第3条第1項の認定を受けたもの及び同条第9項の規定による公示がされたものを除く。）において保育しなければならない。
	2 市町村は、前項に規定する児童に対し、認定こども園法第2条第6項に規定する認定こども園（子ども・子育て支援法第27条第1項の確認を受けたものに限る。）又は家庭的保育事業等（家庭的保育事業、小規模保育事業、居宅訪問型保育事業又は事業所内保育事業をいう。以下同じ。）により必要な保育を確保するための措置を講じなければならない。
	3 市町村は、保育の需要に応ずるに足りる保育所、認定こども園（子ども・子育て支援法第27条第1項の確認を受けたものに限る。以下この項及び第46条の2第2項において同じ。）又は家庭的保育事業等が不足し、又は不足するおそれがある場合その他必要と認められる場合には、保育所、認定こども園（保育所であるものを含む。）又は家庭的保育事業等の利用について調整を行うとともに、認定こども園の設置者又は家庭的保育事業等を行う者に対し、前項に規定する児童の利用の要請を行うものとする。
	4 市町村は、第25条の8第3号又は第26条第1項第5号の規

定による報告又は通知を受けた児童その他の優先的に保育を行う必要があると認められる児童について、その保護者に対し、保育所若しくは幼保連携型認定こども園において保育を受けること又は家庭的保育事業等による保育を受けること（以下「保育の利用」という。）の申込みを勧奨し、及び保育を受けることができるよう支援しなければならない。

5 市町村は、前項に規定する児童が、同項の規定による勧奨及び支援を行つても、なおやむを得ない事由により子ども・子育て支援法に規定する施設型給付費若しくは特例施設型給付費（同法第28条第1項第2号に係るものを除く。次項において同じ。）又は同法に規定する地域型保育給付費若しくは特例地域型保育給付費（同法第30条第1項第2号に係るものを除く。次項において同じ。）の支給に係る保育を受けることが著しく困難であると認めるときは、当該児童を当該市町村の設置する保育所若しくは幼保連携型認定こども園に入所させ、又は当該市町村以外の者の設置する保育所若しくは幼保連携型認定こども園に入所を委託して、保育を行わなければならない。

6 市町村は、前項に定めるほか、保育を必要とする乳児・幼児が、子ども・子育て支援法第42条第1項又は第54条第1項の規定によるあつせん又は要請その他市町村による支援等を受けたにもかかわらず、なお保育が利用できないなど、やむを得ない事由により同法に規定する施設型給付費若しくは特例施設型給付費又は同法に規定する地域型保育給付費若しくは特例地域型保育給付費の支給に係る保育を受けることが著しく困難であると認めるときは、次の措置を採ることができる。

1 当該保育を必要とする乳児・幼児を当該市町村の設置する保育所若しくは幼保連携型認定こども園に入所させ、又は当該市町村以外の者の設置する保育所若しくは幼保連携型認定こども園に入所を委託して、保育を行うこと。

2 当該保育を必要とする乳児・幼児に対して当該市町村が行う家庭的保育事業等による保育を行い、又は家庭的保育事業等を行う当該市町村以外の者に当該家庭的保育事業等により保育を行うことを委託すること。

7 市町村は、第3項の規定による調整及び要請並びに第4項の規定による勧奨及び支援を適切に実施するとともに、地域の実情に応じたきめ細かな保育が積極的に提供され、児童が、その置かれている環境等に応じて、必要な保育を受けることができるよう、保育を行う事業その他児童の福祉

を増進することを目的とする事業を行う者の活動の連携及び調整を図る等地域の実情に応じた体制の整備を行うものとする。

第3章　事業、養育里親及び養子縁組里親並びに施設

第39条　保育所は、保育を必要とする乳児・幼児を日々保護者の下から通わせて保育を行うことを目的とする施設（利用定員が20人以上であるものに限り、幼保連携型認定こども園を除く。）とする。

2　保育所は、前項の規定にかかわらず、特に必要があるときは、保育を必要とするその他の児童を日々保護者の下から通わせて保育することができる。

第39条の2　幼保連携型認定こども園は、義務教育及びその後の教育の基礎を培うものとしての満3歳以上の幼児に対する教育（教育基本法（平成18年法律第120号）第6条第1項に規定する法律に定める学校において行われる教育をいう。）及び保育を必要とする乳児・幼児に対する保育を一体的に行い、これらの乳児又は幼児の健やかな成長が図られるよう適当な環境を与えて、その心身の発達を助長することを目的とする施設とする。

2　幼保連携型認定こども園に関しては、この法律に定めるもののほか、認定こども園法の定めるところによる。

第45条　都道府県は、児童福祉施設の設備及び運営について、条例で基準を定めなければならない。この場合において、その基準は、児童の身体的、精神的及び社会的な発達のために必要な生活水準を確保するものでなければならない。

2　都道府県が前項の条例を定めるに当たつては、次に掲げる事項については厚生労働省令で定める基準に従い定めるものとし、その他の事項については厚生労働省令で定める基準を参酌するものとする。

1　児童福祉施設に配置する従業者及びその員数

2　児童福祉施設に係る居室及び病室の床面積その他児童福祉施設の設備に関する事項であつて児童の健全な発達に密接に関連するものとして厚生労働省令で定めるもの

3　児童福祉施設の運営に関する事項であつて、保育所における保育の内容その他児童（助産施設にあつては、妊産婦）の適切な処遇の確保及び秘密の保持、妊産婦の安全の確保並びに児童の健全な発達に密接に関連するものとして厚生労働省令で定めるもの

3　児童福祉施設の設置者は、第1項の基準を遵守しなければならない。

4　児童福祉施設の設置者は、児童福祉施設の設備及び運営に

| 第48条の4 | ついての水準の向上を図ることに努めるものとする。
保育所は、当該保育所が主として利用される地域の住民に対してその行う保育に関し情報の提供を行い、並びにその行う保育に支障がない限りにおいて、乳児、幼児等の保育に関する相談に応じ、及び助言を行うよう努めなければならない。 |
| --- | --- |
| | 2 保育所に勤務する保育士は、乳児、幼児等の保育に関する相談に応じ、及び助言を行うために必要な知識及び技能の修得、維持及び向上に努めなければならない。 |

第8章　罰　則

第61条の2	第18条の22の規定に違反した者は、1年以下の懲役又は50万円以下の罰金に処する。
	2 前項の罪は、告訴がなければ公訴を提起することができない。
第61条の3	第11条第5項、第18条の8第4項、第18条の12第1項、第21条の10の2第4項、第21条の12、第25条の5又は第27条の4の規定に違反した者は、1年以下の懲役又は50万円以下の罰金に処する。
第62条	次の各号のいずれかに該当する者は、30万円以下の罰金に処する。
	1 第18条の19第2項の規定により保育士の名称の使用の停止を命ぜられた者で、当該停止を命ぜられた期間中に、保育士の名称を使用したもの
	2 第18条の23の規定に違反した者
	3 正当の理由がないのに、第21条の14第1項の規定による報告をせず、若しくは虚偽の報告をし、同項の規定による質問に対して答弁をせず、若しくは虚偽の答弁をし、又は同項の規定による立入り若しくは検査を拒み、妨げ、若しくは忌避した者
	7 正当の理由がないのに、第59条第1項の規定による報告をせず、若しくは虚偽の報告をし、同項の規定による立入調査を拒み、妨げ、若しくは忌避し、又は同項の規定による質問に対して答弁をせず、若しくは虚偽の答弁をした者

児童憲章

1951年5月5日制定

われらは、日本国憲法の精神にしたがい、児童に対する正しい観念を確立し、すべての児童の幸福をはかるために、この憲章を定める。

> **児童は、人として尊ばれる。**
>
> **児童は、社会の一員として重んぜられる。**
>
> **児童は、よい環境の中で育てられる。**

1. すべての児童は、心身ともに健やかにうまれ、育てられ、その生活を保障される。

2. すべての児童は、家庭で、正しい愛情と知識と技術をもつて育てられ、家庭に恵まれない児童には、これにかわる環境が与えられる。

3. すべての児童は、適当な栄養と住居と衣服が与えられ、また疾病と災害からまもられる。

4. すべての児童は、個性と能力に応じて教育され、社会の一員としての責任を自主的に果たすように、みちびかれる。

5. すべての児童は、自然を愛し、科学と芸術を尊ぶように、みちびかれ、また、道徳的心情がつちかわれる。

6. すべての児童は、就学のみちを確保され、また、十分に整つた教育の施設を用意される。

7. すべての児童は、職業指導を受ける機会が与えられる。

8. すべての児童は、その労働において、心身の発育が阻害されず、教育を受ける機会が失われず、また、児童としての生活がさまたげられないように、十分に保護される。

9. すべての児童は、よい遊び場と文化財を用意され、悪い環境からまもられる。

10. すべての児童は、虐待・酷使・放任その他不当な取扱いからまもられる。
    あやまちをおかした児童は、適切に保護指導される。

11. すべての児童は、身体が不自由な場合、または精神の機能が不充分な場合に、適切な治療と教育と保護が与えられる。

12. すべての児童は、愛とまことによつて結ばれ、よい国民として人類の平和と文化に貢献するように、みちびかれる。

保育所保育指針

平成29年3月31日・厚生労働省告示第117号

目　次

第1章　総則
第2章　保育の内容
第3章　健康及び安全
第4章　子育て支援
第5章　職員の資質向上

第1章　総則

　この指針は、児童福祉施設の設備及び運営に関する基準（昭和23年厚生省令第63号。以下「設備運営基準」という。）第35条の規定に基づき、保育所における保育の内容に関する事項及びこれに関連する運営に関する事項を定めるものである。各保育所は、この指針において規定される保育の内容に係る基本原則に関する事項等を踏まえ、各保育所の実情に応じて創意工夫を図り、保育所の機能及び質の向上に努めなければならない。

1　保育所保育に関する基本原則

(1)　保育所の役割

　ア　保育所は、児童福祉法（昭和22年法律第164号）第39条の規定に基づき、保育を必要とする子どもの保育を行い、その健全な心身の発達を図ることを目的とする児童福祉施設であり、入所する子どもの最善の利益を考慮し、その福祉を積極的に増進することに最もふさわしい生活の場でなければならない。

　イ　保育所は、その目的を達成するために、保育に関する専門性を有する職員が、家庭との緊密な連携の下に、子どもの状況や発達過程を踏まえ、保育所における環境を通して、養護及び教育を一体的に行うことを特性としている。

　ウ　保育所は、入所する子どもを保育するとともに、家庭や地域の様々な社会資源との連携を図りながら、入所する子どもの保護者に対する支援及び地域の子育て家庭に対する支援等を行う役割を担うものである。

　エ　保育所における保育士は、児童福祉法第18条の4の規定を踏まえ、保育所の役割及び機能が適切に発揮されるように、倫理観に裏付けられた専門的知識、技術及び判断をもって、子どもを保育するとともに、子どもの保護者に対する保育に関する指導を行うものであり、その職責を遂行するための専門性の向上に絶えず努めなければならない。

(2)　保育の目標

　ア　保育所は、子どもが生涯にわたる人間形成にとって極めて重要な時期に、その生活時間の大半を過ごす場である。このため、保育所の保育は、子どもが現在を最も良く生き、望ましい未来をつくり出す力の基礎を培うために、次の目標を目指して行わなければならない。

(ア) 十分に養護の行き届いた環境の下に、くつろいだ雰囲気の中で子どもの様々な欲求を満たし、生命の保持及び情緒の安定を図ること。
(イ) 健康、安全など生活に必要な基本的な習慣や態度を養い、心身の健康の基礎を培うこと。
(ウ) 人との関わりの中で、人に対する愛情と信頼感、そして人権を大切にする心を育てるとともに、自主、自立及び協調の態度を養い、道徳性の芽生えを培うこと。
(エ) 生命、自然及び社会の事象についての興味や関心を育て、それらに対する豊かな心情や思考力の芽生えを培うこと。
(オ) 生活の中で、言葉への興味や関心を育て、話したり、聞いたり、相手の話を理解しようとするなど、言葉の豊かさを養うこと。
(カ) 様々な体験を通して、豊かな感性や表現力を育み、創造性の芽生えを培うこと。
イ 保育所は、入所する子どもの保護者に対し、その意向を受け止め、子どもと保護者の安定した関係に配慮し、保育所の特性や保育士等の専門性を生かして、その援助に当たらなければならない。

(3) 保育の方法
　　保育の目標を達成するために、保育士等は、次の事項に留意して保育しなければならない。

ア 一人一人の子どもの状況や家庭及び地域社会での生活の実態を把握するとともに、子どもが安心感と信頼感をもって活動できるよう、子どもの主体としての思いや願いを受け止めること。
イ 子どもの生活のリズムを大切にし、健康、安全で情緒の安定した生活ができる環境や、自己を十分に発揮できる環境を整えること。
ウ 子どもの発達について理解し、一人一人の発達過程に応じて保育すること。その際、子どもの個人差に十分配慮すること。
エ 子ども相互の関係づくりや互いに尊重する心を大切にし、集団における活動を効果あるものにするよう援助すること。
オ 子どもが自発的・意欲的に関われるような環境を構成し、子どもの主体的な活動や子ども相互の関わりを大切にすること。特に、乳幼児期にふさわしい体験が得られるように、生活や遊びを通して総合的に保育すること。
カ 一人一人の保護者の状況やその意向を理解、受容し、それぞれの親子関係や家庭生活等に配慮しながら、様々な機会をとらえ、適切に援助すること。

(4) 保育の環境
　　保育の環境には、保育士等や子どもなどの人的環境、施設や遊具などの物的環境、更には自然や社会の事象などがある。保育所は、こうした人、物、場などの環境が相互に関連し合い、子どもの生活が豊かなものとな

るよう、次の事項に留意しつつ、計画的に環境を構成し、工夫して保育しなければならない。
ア 子ども自らが環境に関わり、自発的に活動し、様々な経験を積んでいくことができるよう配慮すること。
イ 子どもの活動が豊かに展開されるよう、保育所の設備や環境を整え、保育所の保健的環境や安全の確保などに努めること。
ウ 保育室は、温かな親しみとくつろぎの場となるとともに、生き生きと活動できる場となるように配慮すること。
エ 子どもが人と関わる力を育てていくため、子ども自らが周囲の子どもや大人と関わっていくことができる環境を整えること。

(5) 保育所の社会的責任
ア 保育所は、子どもの人権に十分配慮するとともに、子ども一人一人の人格を尊重して保育を行わなければならない。
イ 保育所は、地域社会との交流や連携を図り、保護者や地域社会に、当該保育所が行う保育の内容を適切に説明するよう努めなければならない。
ウ 保育所は、入所する子ども等の個人情報を適切に取り扱うとともに、保護者の苦情などに対し、その解決を図るよう努めなければならない。

2 養護に関する基本的事項

(1) 養護の理念
　保育における養護とは、子どもの生命の保持及び情緒の安定を図るために保育士等が行う援助や関わりであり、保育所における保育は、養護及び教育を一体的に行うことをその特性とするものである。保育所における保育全体を通じて、養護に関するねらい及び内容を踏まえた保育が展開されなければならない。

(2) 養護に関わるねらい及び内容
ア 生命の保持
　(ア) ねらい
　　① 一人一人の子どもが、快適に生活できるようにする。
　　② 一人一人の子どもが、健康で安全に過ごせるようにする。
　　③ 一人一人の子どもの生理的欲求が、十分に満たされるようにする。
　　④ 一人一人の子どもの健康増進が、積極的に図られるようにする。
　(イ) 内容
　　① 一人一人の子どもの平常の健康状態や発育及び発達状態を的確に把握し、異常を感じる場合は、速やかに適切に対応する。
　　② 家庭との連携を密にし、嘱託医等との連携を図りながら、子どもの疾病や事故防止に関する認識を深め、保健的で安全な保育環境の維持及び向上に努める。
　　③ 清潔で安全な環境を整え、適切な援助や応答的な関わりを通して子どもの生理的欲求を満たしていく。また、家庭と協力しながら、子どもの発達過程等に応じた適切な生活のリズムがつくられていくよ

うにする。
④ 子どもの発達過程等に応じて、適度な運動と休息を取ることができるようにする。また、食事、排泄、衣類の着脱、身の回りを清潔にすることなどについて、子どもが意欲的に生活できるよう適切に援助する。

イ 情緒の安定
(ア) ねらい
① 一人一人の子どもが、安定感をもって過ごせるようにする。
② 一人一人の子どもが、自分の気持ちを安心して表すことができるようにする。
③ 一人一人の子どもが、周囲から主体として受け止められ、主体として育ち、自分を肯定する気持ちが育まれていくようにする。
④ 一人一人の子どもがくつろいで共に過ごし、心身の疲れが癒されるようにする。

(イ) 内容
① 一人一人の子どもの置かれている状態や発達過程などを的確に把握し、子どもの欲求を適切に満たしながら、応答的な触れ合いや言葉がけを行う。
② 一人一人の子どもの気持ちを受容し、共感しながら、子どもとの継続的な信頼関係を築いていく。
③ 保育士等との信頼関係を基盤に、一人一人の子どもが主体的に活動し、自発性や探索意欲などを高めるとともに、

自分への自信をもつことができるよう成長の過程を見守り、適切に働きかける。
④ 一人一人の子どもの生活のリズム、発達過程、保育時間などに応じて、活動内容のバランスや調和を図りながら、適切な食事や休息が取れるようにする。

3 保育の計画及び評価
(1) 全体的な計画の作成
ア 保育所は、1の(2)に示した保育の目標を達成するために、各保育所の保育の方針や目標に基づき、子どもの発達過程を踏まえて、保育の内容が組織的・計画的に構成され、保育所の生活の全体を通して、総合的に展開されるよう、全体的な計画を作成しなければならない。
イ 全体的な計画は、子どもや家庭の状況、地域の実態、保育時間などを考慮し、子どもの育ちに関する長期的見通しをもって適切に作成されなければならない。
ウ 全体的な計画は、保育所保育の全体像を包括的に示すものとし、これに基づく指導計画、保健計画、食育計画等を通じて、各保育所が創意工夫して保育できるよう、作成されなければならない。

(2) 指導計画の作成
ア 保育所は、全体的な計画に基づき、具体的な保育が適切に展開されるよう、子どもの生活や発達を見通した長期的な指導計画と、それに関連しながら、より

具体的な子どもの日々の生活に即した短期的な指導計画を作成しなければならない。
　イ　指導計画の作成に当たっては、第２章及びその他の関連する章に示された事項のほか、子ども一人一人の発達過程や状況を十分に踏まえるとともに、次の事項に留意しなければならない。
　　（ア）３歳未満児については、一人一人の子どもの生育歴、心身の発達、活動の実態等に即して、個別的な計画を作成すること。
　　（イ）３歳以上児については、個の成長と、子ども相互の関係や協同的な活動が促されるよう配慮すること。
　　（ウ）異年齢で構成される組やグループでの保育においては、一人一人の子どもの生活や経験、発達過程などを把握し、適切な援助や環境構成ができるよう配慮すること。
　ウ　指導計画においては、保育所の生活における子どもの発達過程を見通し、生活の連続性、季節の変化などを考慮し、子どもの実態に即した具体的なねらい及び内容を設定すること。また、具体的なねらいが達成されるよう、子どもの生活する姿や発想を大切にして適切な環境を構成し、子どもが主体的に活動できるようにすること。
　エ　一日の生活のリズムや在園時間が異なる子どもが共に過ごすことを踏まえ、活動と休息、緊張感と解放感等の調和を図るよう配慮すること。
　オ　午睡は生活のリズムを構成する重要な要素であり、安心して眠ることのできる安全な睡眠環境を確保するとともに、在園時間が異なることや、睡眠時間は子どもの発達の状況や個人によって差があることから、一律とならないよう配慮すること。
　カ　長時間にわたる保育については、子どもの発達過程、生活のリズム及び心身の状態に十分配慮して、保育の内容や方法、職員の協力体制、家庭との連携などを指導計画に位置付けること。
　キ　障害のある子どもの保育については、一人一人の子どもの発達過程や障害の状態を把握し、適切な環境の下で、障害のある子どもが他の子どもとの生活を通して共に成長できるよう、指導計画の中に位置付けること。また、子どもの状況に応じた保育を実施する観点から、家庭や関係機関と連携した支援のための計画を個別に作成するなど適切な対応を図ること。
（３）指導計画の展開
　　　指導計画に基づく保育の実施に当たっては、次の事項に留意しなければならない。
　ア　施設長、保育士など、全職員による適切な役割分担と協力体制を整えること。
　イ　子どもが行う具体的な活動は、生活の中で様々に変化することに留意して、子どもが望ましい方向に向かって自ら活動を展開できるよう必要な援助を行うこと。

ウ 子どもの主体的な活動を促すためには、保育士等が多様な関わりをもつことが重要であることを踏まえ、子どもの情緒の安定や発達に必要な豊かな体験が得られるよう援助すること。
エ 保育士等は、子どもの実態や子どもを取り巻く状況の変化などに即して保育の過程を記録するとともに、これらを踏まえ、指導計画に基づく保育の内容の見直しを行い、改善を図ること。

(4) 保育内容等の評価
ア 保育士等の自己評価
　(ア) 保育士等は、保育の計画や保育の記録を通して、自らの保育実践を振り返り、自己評価することを通して、その専門性の向上や保育実践の改善に努めなければならない。
　(イ) 保育士等による自己評価に当たっては、子どもの活動内容やその結果だけでなく、子どもの心の育ちや意欲、取り組む過程などにも十分配慮するよう留意すること。
　(ウ) 保育士等は、自己評価における自らの保育実践の振り返りや職員相互の話し合い等を通じて、専門性の向上及び保育の質の向上のための課題を明確にするとともに、保育所全体の保育の内容に関する認識を深めること。
イ 保育所の自己評価
　(ア) 保育所は、保育の質の向上を図るため、保育の計画の展開や保育士等の自己評価を踏まえ、当該保育所の保育の内容等について、自ら評価を行い、その結果を公表するよう努めなければならない。
　(イ) 保育所が自己評価を行うに当たっては、地域の実情や保育所の実態に即して、適切に評価の観点や項目等を設定し、全職員による共通理解をもって取り組むよう留意すること。
　(ウ) 設備運営基準第36条の趣旨を踏まえ、保育の内容等の評価に関し、保護者及び地域住民等の意見を聴くことが望ましいこと。

(5) 評価を踏まえた計画の改善
ア 保育所は、評価の結果を踏まえ、当該保育所の保育の内容等の改善を図ること。
イ 保育の計画に基づく保育、保育の内容の評価及びこれに基づく改善という一連の取組により、保育の質の向上が図られるよう、全職員が共通理解をもって取り組むことに留意すること。

4 幼児教育を行う施設として共有すべき事項

(1) 育みたい資質・能力
ア 保育所においては、生涯にわたる生きる力の基礎を培うため、1の(2)に示す保育の目標を踏まえ、次に掲げる資質・能力を一体的に育むよう努めるものとする。
　(ア) 豊かな体験を通じて、感じたり、気付いたり、分かっ

　　　　　たり、できるようになっ
　　　　　たりする「知識及び技能の基
　　　　　礎」
　　　（イ）　気付いたことや、できるよ
　　　　　うになったことなどを使
　　　　　い、考えたり、試したり、
　　　　　工夫したり、表現したりす
　　　　　る「思考力、判断力、表現
　　　　　力等の基礎」
　　　（ウ）　心情、意欲、態度が育つ中
　　　　　で、よりよい生活を営もう
　　　　　とする「学びに向かう力、
　　　　　人間性等」
　　イ　アに示す資質・能力は、第2章
　　　に示すねらい及び内容に基づく
　　　保育活動全体によって育むもの
　　　である。
　(2)　幼児期の終わりまでに育ってほ
　　しい姿
　　　　次に示す「幼児期の終わりま
　　　でに育ってほしい姿」は、第2
　　　章に示すねらい及び内容に基づ
　　　く保育活動全体を通して資質・
　　　能力が育まれている子どもの小
　　　学校就学時の具体的な姿であ
　　　り、保育士等が指導を行う際に
　　　考慮するものである。
　　ア　健康な心と体
　　　　保育所の生活の中で、充実感
　　　をもって自分のやりたいことに
　　　向かって心と体を十分に働か
　　　せ、見通しをもって行動し、自
　　　ら健康で安全な生活をつくり出
　　　すようになる。
　　イ　自立心
　　　　身近な環境に主体的に関わり
　　　様々な活動を楽しむ中で、しな
　　　ければならないことを自覚し、
　　　自分の力で行うために考えた
　　　り、工夫したりしながら、諦め
ずにやり遂げることで達成感を
味わい、自信をもって行動する
ようになる。
　　ウ　協同性
　　　　友達と関わる中で、互いの思
　　　いや考えなどを共有し、共通の
　　　目的の実現に向けて、考えたり、
　　　工夫したり、協力したりし、充
　　　実感をもってやり遂げるように
　　　なる。
　　エ　道徳性・規範意識の芽生え
　　　　友達と様々な体験を重ねる中
　　　で、してよいことや悪いことが
　　　分かり、自分の行動を振り返っ
　　　たり、友達の気持ちに共感した
　　　りし、相手の立場に立って行動
　　　するようになる。また、きまり
　　　を守る必要性が分かり、自分の
　　　気持ちを調整し、友達と折り合
　　　いを付けながら、きまりをつく
　　　ったり、守ったりするようにな
　　　る。
　　オ　社会生活との関わり
　　　　家族を大切にしようとする気
　　　持ちをもつとともに、地域の身
　　　近な人と触れ合う中で、人との
　　　様々な関わり方に気付き、相手
　　　の気持ちを考えて関わり、自分
　　　が役に立つ喜びを感じ、地域に
　　　親しみをもつようになる。また、
　　　保育所内外の様々な環境に関わ
　　　る中で、遊びや生活に必要な情
　　　報を取り入れ、情報に基づき判
　　　断したり、情報を伝え合ったり、
　　　活用したりするなど、情報を役
　　　立てながら活動するようになる
　　　とともに、公共の施設を大切に
　　　利用するなどして、社会とのつ
　　　ながりなどを意識するようにな
　　　る。

カ 思考力の芽生え
　　身近な事象に積極的に関わる中で、物の性質や仕組みなどを感じ取ったり、気付いたりし、考えたり、予想したり、工夫したりするなど、多様な関わりを楽しむようになる。また、友達の様々な考えに触れる中で、自分と異なる考えがあることに気付き、自ら判断したり、考え直したりするなど、新しい考えを生み出す喜びを味わいながら、自分の考えをよりよいものにするようになる。

キ 自然との関わり・生命尊重
　　自然に触れて感動する体験を通して、自然の変化などを感じ取り、好奇心や探究心をもって考え言葉などで表現しながら、身近な事象への関心が高まるとともに、自然への愛情や畏敬の念をもつようになる。また、身近な動植物に心を動かされる中で、生命の不思議さや尊さに気付き、身近な動植物への接し方を考え、命あるものとしていたわり、大切にする気持ちをもって関わるようになる。

ク 数量や図形、標識や文字などへの関心・感覚
　　遊びや生活の中で、数量や図形、標識や文字などに親しむ体験を重ねたり、標識や文字の役割に気付いたりし、自らの必要感に基づきこれらを活用し、興味や関心、感覚をもつようになる。

ケ 言葉による伝え合い
　　保育士等や友達と心を通わせる中で、絵本や物語などに親しみながら、豊かな言葉や表現を身に付け、経験したことや考えたことなどを言葉で伝えたり、相手の話を注意して聞いたりし、言葉による伝え合いを楽しむようになる。

コ 豊かな感性と表現
　　心を動かす出来事などに触れ感性を働かせる中で、様々な素材の特徴や表現の仕方などに気付き、感じたことや考えたことを自分で表現したり、友達同士で表現する過程を楽しんだりし、表現する喜びを味わい、意欲をもつようになる。

第2章　保育の内容

　この章に示す「ねらい」は、第1章の1の(2)に示された保育の目標をより具体化したものであり、子どもが保育所において、安定した生活を送り、充実した活動ができるように、保育を通じて育みたい資質・能力を、子どもの生活する姿から捉えたものである。また、「内容」は、「ねらい」を達成するために、子どもの生活やその状況に応じて保育士等が適切に行う事項と、保育士等が援助して子どもが環境に関わって経験する事項を示したものである。
　保育における「養護」とは、子どもの生命の保持及び情緒の安定を図るために保育士等が行う援助や関わりであり、「教育」とは、子どもが健やかに成長し、その活動がより豊かに展開されるための発達の援助である。本章では、保育士等が、「ねらい」及び「内容」を具体的に把握するた

め、主に教育に関わる側面からの視点を示しているが、実際の保育においては、養護と教育が一体となって展開されることに留意する必要がある。

1 乳児保育に関わるねらい及び内容

(1) 基本的事項

ア 乳児期の発達については、視覚、聴覚などの感覚や、座る、はう、歩くなどの運動機能が著しく発達し、特定の大人との応答的な関わりを通じて、情緒的な絆(きずな)が形成されるといった特徴がある。これらの発達の特徴を踏まえて、乳児保育は、愛情豊かに、応答的に行われることが特に必要である。

イ 本項においては、この時期の発達の特徴を踏まえ、乳児保育の「ねらい」及び「内容」については、身体的発達に関する視点「健やかに伸び伸びと育つ」、社会的発達に関する視点「身近な人と気持ちが通じ合う」及び精神的発達に関する視点「身近なものと関わり感性が育つ」としてまとめ、示している。

ウ 本項の各視点において示す保育の内容は、第1章の2に示された養護における「生命の保持」及び「情緒の安定」に関わる保育の内容と、一体となって展開されるものであることに留意が必要である。

(2) ねらい及び内容

ア 健やかに伸び伸びと育つ
　　健康な心と体を育て、自ら健康で安全な生活をつくり出す力の基盤を培う。

(ア) ねらい
① 身体感覚が育ち、快適な環境に心地よさを感じる。
② 伸び伸びと体を動かし、はう、歩くなどの運動をしようとする。
③ 食事、睡眠等の生活のリズムの感覚が芽生える。

(イ) 内容
① 保育士等の愛情豊かな受容の下で、生理的・心理的欲求を満たし、心地よく生活をする。
② 一人一人の発育に応じて、はう、立つ、歩くなど、十分に体を動かす。
③ 個人差に応じて授乳を行い、離乳を進めていく中で、様々な食品に少しずつ慣れ、食べることを楽しむ。
④ 一人一人の生活のリズムに応じて、安全な環境の下で十分に午睡をする。
⑤ おむつ交換や衣服の着脱などを通じて、清潔になることの心地よさを感じる。

(ウ) 内容の取扱い
　　上記の取扱いに当たっては、次の事項に留意する必要がある。
① 心と体の健康は、相互に密接な関連があるものであることを踏まえ、温かい触れ合いの中で、心と体の発達を促すこと。特に、寝返り、お座り、はいはい、つかまり立ち、伝い歩きなど、発育に応じて、遊びの中で体を動かす機会を十分に確保し、自ら体を動か

そうとする意欲が育つようにすること。
② 健康な心と体を育てるためには望ましい食習慣の形成が重要であることを踏まえ、離乳食が完了期へと徐々に移行する中で、様々な食品に慣れるようにするとともに、和やかな雰囲気の中で食べる喜びや楽しさを味わい、進んで食べようとする気持ちが育つようにすること。なお、食物アレルギーのある子どもへの対応については、嘱託医等の指示や協力の下に適切に対応すること。

イ 身近な人と気持ちが通じ合う
受容的・応答的な関わりの下で、何かを伝えようとする意欲や身近な大人との信頼関係を育て、人と関わる力の基盤を培う。
(ア) ねらい
① 安心できる関係の下で、身近な人と共に過ごす喜びを感じる。
② 体の動きや表情、発声等により、保育士等と気持ちを通わせようとする。
③ 身近な人と親しみ、関わりを深め、愛情や信頼感が芽生える。
(イ) 内容
① 子どもからの働きかけを踏まえた、応答的な触れ合いや言葉がけによって、欲求が満たされ、安定感をもって過ごす。
② 体の動きや表情、発声、喃語等を優しく受け止めてもらい、保育士等とのやり取りを楽しむ。
③ 生活や遊びの中で、自分の身近な人の存在に気付き、親しみの気持ちを表す。
④ 保育士等による語りかけや歌いかけ、発声や喃語等への応答を通じて、言葉の理解や発語の意欲が育つ。
⑤ 温かく、受容的な関わりを通じて、自分を肯定する気持ちが芽生える。
(ウ) 内容の取扱い
上記の取扱いに当たっては、次の事項に留意する必要がある。
① 保育士等との信頼関係に支えられて生活を確立していくことが人と関わる基盤となることを考慮して、子どもの多様な感情を受け止め、温かく受容的・応答的に関わり、一人一人に応じた適切な援助を行うようにすること。
② 身近な人に親しみをもって接し、自分の感情などを表し、それに相手が応答する言葉を聞くことを通して、次第に言葉が獲得されていくことを考慮して、楽しい雰囲気の中での保育士等との関わり合いを大切にし、ゆっくりと優しく話しかけるなど、積極的に言葉のやり取りを楽しむことができるようにすること。

ウ 身近なものと関わり感性が育つ
身近な環境に興味や好奇心をもって関わり、感じたことや考えたことを表現する力の基盤を培う。
(ア) ねらい

① 身の回りのものに親しみ、様々なものに興味や関心をもつ。
② 見る、触れる、探索するなど、身近な環境に自分から関わろうとする。
③ 身体の諸感覚による認識が豊かになり、表情や手足、体の動き等で表現する。
(イ) 内容
① 身近な生活用具、玩具や絵本などが用意された中で、身の回りのものに対する興味や好奇心をもつ。
② 生活や遊びの中で様々なものに触れ、音、形、色、手触りなどに気付き、感覚の働きを豊かにする。
③ 保育士等と一緒に様々な色彩や形のものや絵本などを見る。
④ 玩具や身の回りのものを、つまむ、つかむ、たたく、引っ張るなど、手や指を使って遊ぶ。
⑤ 保育士等のあやし遊びに機嫌よく応じたり、歌やリズムに合わせて手足や体を動かして楽しんだりする。
(ウ) 内容の取扱い
上記の取扱いに当たっては、次の事項に留意する必要がある。
① 玩具などは、音質、形、色、大きさなど子どもの発達状態に応じて適切なものを選び、その時々の子どもの興味や関心を踏まえるなど、遊びを通して感覚の発達が促されるものとなるように工夫すること。

なお、安全な環境の下で、子どもが探索意欲を満たして自由に遊べるよう、身の回りのものについては、常に十分な点検を行うこと。
② 乳児期においては、表情、発声、体の動きなどで、感情を表現することが多いことから、これらの表現しようとする意欲を積極的に受け止めて、子どもが様々な活動を楽しむことを通して表現が豊かになるようにすること。
(3) 保育の実施に関わる配慮事項
ア 乳児は疾病への抵抗力が弱く、心身の機能の未熟さに伴う疾病の発生が多いことから、一人一人の発育及び発達状態や健康状態についての適切な判断に基づく保健的な対応を行うこと。
イ 一人一人の子どもの生育歴の違いに留意しつつ、欲求を適切に満たし、特定の保育士が応答的に関わるように努めること。
ウ 乳児保育に関わる職員間の連携や嘱託医との連携を図り、第3章に示す事項を踏まえ、適切に対応すること。栄養士及び看護師等が配置されている場合は、その専門性を生かした対応を図ること。
エ 保護者との信頼関係を築きながら保育を進めるとともに、保護者からの相談に応じ、保護者への支援に努めていくこと。
オ 担当の保育士が替わる場合には、子どものそれまでの生育歴や発達過程に留意し、職員間で協力して対応すること。

2　1歳以上3歳未満児の保育に関わるねらい及び内容

(1) 基本的事項

ア　この時期においては、歩き始めから、歩く、走る、跳ぶなどへと、基本的な運動機能が次第に発達し、排泄の自立のための身体的機能も整うようになる。つまむ、めくるなどの指先の機能も発達し、食事、衣類の着脱なども、保育士等の援助の下で自分で行うようになる。発声も明瞭になり、語彙も増加し、自分の意思や欲求を言葉で表出できるようになる。このように自分でできることが増えてくる時期であることから、保育士等は、子どもの生活の安定を図りながら、自分でしようとする気持ちを尊重し、温かく見守るとともに、愛情豊かに、応答的に関わることが必要である。

イ　本項においては、この時期の発達の特徴を踏まえ、保育の「ねらい」及び「内容」について、心身の健康に関する領域「健康」、人との関わりに関する領域「人間関係」、身近な環境との関わりに関する領域「環境」、言葉の獲得に関する領域「言葉」及び感性と表現に関する領域「表現」としてまとめ、示している。

ウ　本項の各領域において示す保育の内容は、第1章の2に示された養護における「生命の保持」及び「情緒の安定」に関わる保育の内容と、一体となって展開されるものであることに留意が必要である。

(2) ねらい及び内容

ア　健康

健康な心と体を育て、自ら健康で安全な生活をつくり出す力を養う。

(ア) ねらい

① 明るく伸び伸びと生活し、自分から体を動かすことを楽しむ。

② 自分の体を十分に動かし、様々な動きをしようとする。

③ 健康、安全な生活に必要な習慣に気付き、自分でしてみようとする気持ちが育つ。

(イ) 内容

① 保育士等の愛情豊かな受容の下で、安定感をもって生活をする。

② 食事や午睡、遊びと休息など、保育所における生活のリズムが形成される。

③ 走る、跳ぶ、登る、押す、引っ張るなど全身を使う遊びを楽しむ。

④ 様々な食品や調理形態に慣れ、ゆったりとした雰囲気の中で食事や間食を楽しむ。

⑤ 身の回りを清潔に保つ心地よさを感じ、その習慣が少しずつ身に付く。

⑥ 保育士等の助けを借りながら、衣類の着脱を自分でしようとする。

⑦ 便器での排泄に慣れ、自分で排泄ができるようになる。

(ウ) 内容の取扱い

上記の取扱いに当たっては、次の事項に留意する必要がある。

① 心と体の健康は、相互に密

接な関連があるものであることを踏まえ、子どもの気持ちに配慮した温かい触れ合いの中で、心と体の発達を促すこと。特に、一人一人の発育に応じて、体を動かす機会を十分に確保し、自ら体を動かそうとする意欲が育つようにすること。
② 健康な心と体を育てるためには望ましい食習慣の形成が重要であることを踏まえ、ゆったりとした雰囲気の中で食べる喜びや楽しさを味わい、進んで食べようとする気持ちが育つようにすること。なお、食物アレルギーのある子どもへの対応については、嘱託医等の指示や協力の下に適切に対応すること。
③ 排泄の習慣については、一人一人の排尿間隔等を踏まえ、おむつが汚れていないときに便器に座らせるなどにより、少しずつ慣れさせるようにすること。
④ 食事、排泄、睡眠、衣類の着脱、身の回りを清潔にすることなど、生活に必要な基本的な習慣については、一人一人の状態に応じ、落ち着いた雰囲気の中で行うようにし、子どもが自分でしようとする気持ちを尊重すること。また、基本的な生活習慣の形成に当たっては、家庭での生活経験に配慮し、家庭との適切な連携の下で行うようにすること。

イ 人間関係
　他の人々と親しみ、支え合って生活するために、自立心を育て、人と関わる力を養う。
(ア) ねらい
① 保育所での生活を楽しみ、身近な人と関わる心地よさを感じる。
② 周囲の子ども等への興味や関心が高まり、関わりをもとうとする。
③ 保育所の生活の仕方に慣れ、きまりの大切さに気付く。
(イ) 内容
① 保育士等や周囲の子ども等との安定した関係の中で、共に過ごす心地よさを感じる。
② 保育士等の受容的・応答的な関わりの中で、欲求を適切に満たし、安定感をもって過ごす。
③ 身の回りに様々な人がいることに気付き、徐々に他の子どもと関わりをもって遊ぶ。
④ 保育士等の仲立ちにより、他の子どもとの関わり方を少しずつ身につける。
⑤ 保育所の生活の仕方に慣れ、きまりがあることや、その大切さに気付く。
⑥ 生活や遊びの中で、年長児や保育士等の真似をしたり、ごっこ遊びを楽しんだりする。
(ウ) 内容の取扱い
　上記の取扱いに当たっては、次の事項に留意する必要がある。
① 保育士等との信頼関係に支えられて生活を確立するとともに、自分で何かをしようとする気持ちが旺盛になる時期であることに鑑み、そのよう

な子どもの気持ちを尊重し、温かく見守るとともに、愛情豊かに、応答的に関わり、適切な援助を行うようにすること。
② 思い通りにいかない場合等の子どもの不安定な感情の表出については、保育士等が受容的に受け止めるとともに、そうした気持ちから立ち直る経験や感情をコントロールすることへの気付き等につなげていけるように援助すること。
③ この時期は自己と他者との違いの認識がまだ十分ではないことから、子どもの自我の育ちを見守るとともに、保育士等が仲立ちとなって、自分の気持ちを相手に伝えることや相手の気持ちに気付くことの大切さなど、友達の気持ちや友達との関わり方を丁寧に伝えていくこと。
ウ 環境
　周囲の様々な環境に好奇心や探究心をもって関わり、それらを生活に取り入れていこうとする力を養う。
（ア）ねらい
① 身近な環境に親しみ、触れ合う中で、様々なものに興味や関心をもつ。
② 様々なものに関わる中で、発見を楽しんだり、考えたりしようとする。
③ 見る、聞く、触るなどの経験を通して、感覚の働きを豊かにする。
（イ）内容
① 安全で活動しやすい環境での探索活動等を通して、見る、聞く、触れる、嗅ぐ、味わうなどの感覚の働きを豊かにする。
② 玩具、絵本、遊具などに興味をもち、それらを使った遊びを楽しむ。
③ 身の回りの物に触れる中で、形、色、大きさ、量などの物の性質や仕組みに気付く。
④ 自分の物と人の物の区別や、場所的感覚など、環境を捉える感覚が育つ。
⑤ 身近な生き物に気付き、親しみをもつ。
⑥ 近隣の生活や季節の行事などに興味や関心をもつ。
（ウ）内容の取扱い
　上記の取扱いに当たっては、次の事項に留意する必要がある。
① 玩具などは、音質、形、色、大きさなど子どもの発達状態に応じて適切なものを選び、遊びを通して感覚の発達が促されるように工夫すること。
② 身近な生き物との関わりについては、子どもが命を感じ、生命の尊さに気付く経験へとつながるものであることから、そうした気付きを促すような関わりとなるようにすること。
③ 地域の生活や季節の行事などに触れる際には、社会とのつながりや地域社会の文化への気付きにつながるものとなることが望ましいこと。その際、保育所内外の行事や地域の人々との触れ合いなどを通して行うこと等も考慮するこ

　　　　と。
　エ　言葉
　　　　経験したことや考えたことなどを自分なりの言葉で表現し、相手の話す言葉を聞こうとする意欲や態度を育て、言葉に対する感覚や言葉で表現する力を養う。
　（ア）ねらい
　①　言葉遊びや言葉で表現する楽しさを感じる。
　②　人の言葉や話などを聞き、自分でも思ったことを伝えようとする。
　③　絵本や物語等に親しむとともに、言葉のやり取りを通じて身近な人と気持ちを通わせる。
　（イ）内容
　①　保育士等の応答的な関わりや話しかけにより、自ら言葉を使おうとする。
　②　生活に必要な簡単な言葉に気付き、聞き分ける。
　③　親しみをもって日常の挨拶に応じる。
　④　絵本や紙芝居を楽しみ、簡単な言葉を繰り返したり、模倣をしたりして遊ぶ。
　⑤　保育士等とごっこ遊びをする中で、言葉のやり取りを楽しむ。
　⑥　保育士等を仲立ちとして、生活や遊びの中で友達との言葉のやり取りを楽しむ。
　⑦　保育士等や友達の言葉や話に興味や関心をもって、聞いたり、話したりする。
　（ウ）内容の取扱い
　　　　上記の取扱いに当たっては、次の事項に留意する必要がある。
　①　身近な人に親しみをもって接し、自分の感情などを伝え、それに相手が応答し、その言葉を聞くことを通して、次第に言葉が獲得されていくものであることを考慮して、楽しい雰囲気の中で保育士等との言葉のやり取りができるようにすること。
　②　子どもが自分の思いを言葉で伝えるとともに、他の子どもの話などを聞くことを通して、次第に話を理解し、言葉による伝え合いができるようになるよう、気持ちや経験等の言語化を行うことを援助するなど、子ども同士の関わりの仲立ちを行うようにすること。
　③　この時期は、片言から、二語文、ごっこ遊びでのやり取りができる程度へと、大きく言葉の習得が進む時期であることから、それぞれの子どもの発達の状況に応じて、遊びや関わりの工夫など、保育の内容を適切に展開することが必要であること。
　オ　表現
　　　　感じたことや考えたことを自分なりに表現することを通して、豊かな感性や表現する力を養い、創造性を豊かにする。
　（ア）ねらい
　①　身体の諸感覚の経験を豊かにし、様々な感覚を味わう。
　②　感じたことや考えたことなどを自分なりに表現しようと

③ 生活や遊びの様々な体験を通して、イメージや感性が豊かになる。
(イ) 内容
① 水、砂、土、紙、粘土など様々な素材に触れて楽しむ。
② 音楽、リズムやそれに合わせた体の動きを楽しむ。
③ 生活の中で様々な音、形、色、手触り、動き、味、香りなどに気付いたり、感じたりして楽しむ。
④ 歌を歌ったり、簡単な手遊びや全身を使う遊びを楽しんだりする。
⑤ 保育士等からの話や、生活や遊びの中での出来事を通して、イメージを豊かにする。
⑥ 生活や遊びの中で、興味のあることや経験したことなどを自分なりに表現する。
(ウ) 内容の取扱い
上記の取扱いに当たっては、次の事項に留意する必要がある。
① 子どもの表現は、遊びや生活の様々な場面で表出されているものであることから、それらを積極的に受け止め、様々な表現の仕方や感性を豊かにする経験となるようにすること。
② 子どもが試行錯誤しながら様々な表現を楽しむことや、自分の力でやり遂げる充実感などに気付くよう、温かく見守るとともに、適切な援助を行うようにすること。
③ 様々な感情の表現等を通じて、子どもが自分の感情や気持ちに気付くようになる時期であることに鑑み、受容的な関わりの中で自信をもって表現をすることや、諦めずに続けた後の達成感等を感じられるような経験が蓄積されるようにすること。
④ 身近な自然や身の回りの事物に関わる中で、発見や心が動く経験が得られるよう、諸感覚を働かせることを楽しむ遊びや素材を用意するなど保育の環境を整えること。
(3) 保育の実施に関わる配慮事項
ア 特に感染症にかかりやすい時期であるので、体の状態、機嫌、食欲などの日常の状態の観察を十分に行うとともに、適切な判断に基づく保健的な対応を心がけること。
イ 探索活動が十分できるように、事故防止に努めながら活動しやすい環境を整え、全身を使う遊びなど様々な遊びを取り入れること。
ウ 自我が形成され、子どもが自分の感情や気持ちに気付くようになる重要な時期であることに鑑み、情緒の安定を図りながら、子どもの自発的な活動を尊重するとともに促していくこと。
エ 担当の保育士が替わる場合には、子どものそれまでの経験や発達過程に留意し、職員間で協力して対応すること。

3　3歳以上児の保育に関するねらい及び内容

(1) 基本的事項

ア　この時期においては、運動機能の発達により、基本的な動作が一通りできるようになるとともに、基本的な生活習慣もほぼ自立できるようになる。理解する語彙数が急激に増加し、知的興味や関心も高まってくる。仲間と遊び、仲間の中の一人という自覚が生じ、集団的な遊びや協同的な活動も見られるようになる。これらの発達の特徴を踏まえて、この時期の保育においては、個の成長と集団としての活動の充実が図られるようにしなければならない。

イ　本項においては、この時期の発達の特徴を踏まえ、保育の「ねらい」及び「内容」について、心身の健康に関する領域「健康」、人との関わりに関する領域「人間関係」、身近な環境との関わりに関する領域「環境」、言葉の獲得に関する領域「言葉」及び感性と表現に関する領域「表現」としてまとめ、示している。

ウ　本項の各領域において示す保育の内容は、第1章の2に示された養護における「生命の保持」及び「情緒の安定」に関わる保育の内容と、一体となって展開されるものであることに留意が必要である。

(2)　ねらい及び内容
ア　健康
　　健康な心と体を育て、自ら健康で安全な生活をつくり出す力を養う。
　(ア)　ねらい
　　①　明るく伸び伸びと行動し、充実感を味わう。
　　②　自分の体を十分に動かし、進んで運動しようとする。
　　③　健康、安全な生活に必要な習慣や態度を身に付け、見通しをもって行動する。
　(イ)　内容
　　①　保育士等や友達と触れ合い、安定感をもって行動する。
　　②　いろいろな遊びの中で十分に体を動かす。
　　③　進んで戸外で遊ぶ。
　　④　様々な活動に親しみ、楽しんで取り組む。
　　⑤　保育士等や友達と食べることを楽しみ、食べ物への興味や関心をもつ。
　　⑥　健康な生活のリズムを身に付ける。
　　⑦　身の回りを清潔にし、衣服の着脱、食事、排泄(せつ)などの生活に必要な活動を自分でする。
　　⑧　保育所における生活の仕方を知り、自分たちで生活の場を整えながら見通しをもって行動する。
　　⑨　自分の健康に関心をもち、病気の予防などに必要な活動を進んで行う。
　　⑩　危険な場所、危険な遊び方、災害時などの行動の仕方が分かり、安全に気を付けて行動する。
　(ウ)　内容の取扱い
　　　上記の取扱いに当たっては、次の事項に留意する必要がある。
　　①　心と体の健康は、相互に密接な関連があるものであることを踏まえ、子どもが保育士

等や他の子どもとの温かい触れ合いの中で自己の存在感や充実感を味わうことなどを基盤として、しなやかな心と体の発達を促すこと。特に、十分に体を動かす気持ちよさを体験し、自ら体を動かそうとする意欲が育つようにすること。
② 様々な遊びの中で、子どもが興味や関心、能力に応じて全身を使って活動することにより、体を動かす楽しさを味わい、自分の体を大切にしようとする気持ちが育つようにすること。その際、多様な動きを経験する中で、体の動きを調整するようにすること。
③ 自然の中で伸び伸びと体を動かして遊ぶことにより、体の諸機能の発達が促されることに留意し、子どもの興味や関心が戸外にも向くようにすること。その際、子どもの動線に配慮した園庭や遊具の配置などを工夫すること。
④ 健康な心と体を育てるためには食育を通じた望ましい食習慣の形成が大切であることを踏まえ、子どもの食生活の実情に配慮し、和やかな雰囲気の中で保育士等や他の子どもと食べる喜びや楽しさを味わったり、様々な食べ物への興味や関心をもったりするなどし、食の大切さに気付き、進んで食べようとする気持ちが育つようにすること。
⑤ 基本的な生活習慣の形成に当たっては、家庭での生活経験に配慮し、子どもの自立心を育て、子どもが他の子どもと関わりながら主体的な活動を展開する中で、生活に必要な習慣を身に付け、次第に見通しをもって行動できるようにすること。
⑥ 安全に関する指導に当たっては、情緒の安定を図り、遊びを通して安全についての構えを身に付け、危険な場所や事物などが分かり、安全についての理解を深めるようにすること。また、交通安全の習慣を身に付けるようにするとともに、避難訓練などを通して、災害などの緊急時に適切な行動がとれるようにすること。

イ 人間関係
　他の人々と親しみ、支え合って生活するために、自立心を育て、人と関わる力を養う。
(ア) ねらい
① 保育所の生活を楽しみ、自分の力で行動することの充実感を味わう。
② 身近な人と親しみ、関わりを深め、工夫したり、協力したりして一緒に活動する楽しさを味わい、愛情や信頼感をもつ。
③ 社会生活における望ましい習慣や態度を身に付ける。
(イ) 内容
① 保育士等や友達と共に過ごすことの喜びを味わう。
② 自分で考え、自分で行動する。
③ 自分でできることは自分で

する。
④ いろいろな遊びを楽しみながら物事をやり遂げようとする気持ちをもつ。
⑤ 友達と積極的に関わりながら喜びや悲しみを共感し合う。
⑥ 自分の思ったことを相手に伝え、相手の思っていることに気付く。
⑦ 友達のよさに気付き、一緒に活動する楽しさを味わう。
⑧ 友達と楽しく活動する中で、共通の目的を見いだし、工夫したり、協力したりなどする。
⑨ よいことや悪いことがあることに気付き、考えながら行動する。
⑩ 友達との関わりを深め、思いやりをもつ。
⑪ 友達と楽しく生活する中できまりの大切さに気付き、守ろうとする。
⑫ 共同の遊具や用具を大切にし、皆で使う。
⑬ 高齢者をはじめ地域の人々などの自分の生活に関係の深いいろいろな人に親しみをもつ。
(ウ) 内容の取扱い
　上記の取扱いに当たっては、次の事項に留意する必要がある。
① 保育士等との信頼関係に支えられて自分自身の生活を確立していくことが人と関わる基盤となることを考慮し、子どもが自ら周囲に働き掛けることにより多様な感情を体験し、試行錯誤しながら諦めずにやり遂げることの達成感や、前向きな見通しをもって自分の力で行うことの充実感を味わうことができるよう、子どもの行動を見守りながら適切な援助を行うようにすること。
② 一人一人を生かした集団を形成しながら人と関わる力を育てていくようにすること。その際、集団の生活の中で、子どもが自己を発揮し、保育士等や他の子どもに認められる体験をし、自分のよさや特徴に気付き、自信をもって行動できるようにすること。
③ 子どもが互いに関わりを深め、協同して遊ぶようになるため、自ら行動する力を育てるとともに、他の子どもと試行錯誤しながら活動を展開する楽しさや共通の目的が実現する喜びを味わうことができるようにすること。
④ 道徳性の芽生えを培うに当たっては、基本的な生活習慣の形成を図るとともに、子どもが他の子どもとの関わりの中で他人の存在に気付き、相手を尊重する気持ちをもって行動できるようにし、また、自然や身近な動植物に親しむことなどを通して豊かな心情が育つようにすること。特に、人に対する信頼感や思いやりの気持ちは、葛藤やつまずきをも体験し、それらを乗り越えることにより次第に芽生えてくることに配慮すること。
⑤ 集団の生活を通して、子どもが人との関わりを深め、規範意識の芽生えが培われるこ

とを考慮し、子どもが保育士等との信頼関係に支えられて自己を発揮する中で、互いに思いを主張し、折り合いを付ける体験をし、きまりの必要性などに気付き、自分の気持ちを調整する力が育つようにすること。
⑥ 高齢者をはじめ地域の人々などの自分の生活に関係の深いいろいろな人と触れ合い、自分の感情や意志を表現しながら共に楽しみ、共感し合う体験を通して、これらの人々などに親しみをもち、人と関わることの楽しさや人の役に立つ喜びを味わうことができるようにすること。また、生活を通して親や祖父母などの家族の愛情に気付き、家族を大切にしようとする気持ちが育つようにすること。

ウ 環境
　周囲の様々な環境に好奇心や探究心をもって関わり、それらを生活に取り入れていこうとする力を養う。
（ア）ねらい
① 身近な環境に親しみ、自然と触れ合う中で様々な事象に興味や関心をもつ。
② 身近な環境に自分から関わり、発見を楽しんだり、考えたりし、それを生活に取り入れようとする。
③ 身近な事象を見たり、考えたり、扱ったりする中で、物の性質や数量、文字などに対する感覚を豊かにする。
（イ）内容

① 自然に触れて生活し、その大きさ、美しさ、不思議さなどに気付く。
② 生活の中で、様々な物に触れ、その性質や仕組みに興味や関心をもつ。
③ 季節により自然や人間の生活に変化のあることに気付く。
④ 自然などの身近な事象に関心をもち、取り入れて遊ぶ。
⑤ 身近な動植物に親しみをもって接し、生命の尊さに気付き、いたわったり、大切にしたりする。
⑥ 日常生活の中で、我が国や地域社会における様々な文化や伝統に親しむ。
⑦ 身近な物を大切にする。
⑧ 身近な物や遊具に興味をもって関わり、自分なりに比べたり、関連付けたりしながら考えたり、試したりして工夫して遊ぶ。
⑨ 日常生活の中で数量や図形などに関心をもつ。
⑩ 日常生活の中で簡単な標識や文字などに関心をもつ。
⑪ 生活に関係の深い情報や施設などに興味や関心をもつ。
⑫ 保育所内外の行事において国旗に親しむ。
（ウ）内容の取扱い
　上記の取扱いに当たっては、次の事項に留意する必要がある。
① 子どもが、遊びの中で周囲の環境と関わり、次第に周囲の世界に好奇心を抱き、その意味や操作の仕方に関心をもち、物事の法則性に気付き、

自分なりに考えることができるようになる過程を大切にすること。また、他の子どもの考えなどに触れて新しい考えを生み出す喜びや楽しさを味わい、自分の考えをよりよいものにしようとする気持ちが育つようにすること。
② 幼児期において自然のもつ意味は大きく、自然の大きさ、美しさ、不思議さなどに直接触れる体験を通して、子どもの心が安らぎ、豊かな感情、好奇心、思考力、表現力の基礎が培われることを踏まえ、子どもが自然との関わりを深めることができるよう工夫すること。
③ 身近な事象や動植物に対する感動を伝え合い、共感し合うことなどを通して自分から関わろうとする意欲を育てるとともに、様々な関わり方を通してそれらに対する親しみや畏敬の念、生命を大切にする気持ち、公共心、探究心などが養われるようにすること。
④ 文化や伝統に親しむ際には、正月や節句など我が国の伝統的な行事、国歌、唱歌、わらべうたや我が国の伝統的な遊びに親しんだり、異なる文化に触れる活動に親しんだりすることを通じて、社会とのつながりの意識や国際理解の意識の芽生えなどが養われるようにすること。
⑤ 数量や文字などに関しては、日常生活の中で子ども自身の必要感に基づく体験を大切にし、数量や文字などに関する興味や関心、感覚が養われるようにすること。

エ 言葉

経験したことや考えたことなどを自分なりの言葉で表現し、相手の話す言葉を聞こうとする意欲や態度を育て、言葉に対する感覚や言葉で表現する力を養う。

(ア) ねらい
① 自分の気持ちを言葉で表現する楽しさを味わう。
② 人の言葉や話などをよく聞き、自分の経験したことや考えたことを話し、伝え合う喜びを味わう。
③ 日常生活に必要な言葉が分かるようになるとともに、絵本や物語などに親しみ、言葉に対する感覚を豊かにし、保育士等や友達と心を通わせる。

(イ) 内容
① 保育士等や友達の言葉や話に興味や関心をもち、親しみをもって聞いたり、話したりする。
② したり、見たり、聞いたり、感じたり、考えたりなどしたことを自分なりに言葉で表現する。
③ したいこと、してほしいことを言葉で表現したり、分からないことを尋ねたりする。
④ 人の話を注意して聞き、相手に分かるように話す。
⑤ 生活の中で必要な言葉が分かり、使う。
⑥ 親しみをもって日常の挨拶をする。

⑦ 生活の中で言葉の楽しさや美しさに気付く。
⑧ いろいろな体験を通じてイメージや言葉を豊かにする。
⑨ 絵本や物語などに親しみ、興味をもって聞き、想像をする楽しさを味わう。
⑩ 日常生活の中で、文字などで伝える楽しさを味わう。

(ウ) 内容の取扱い
　上記の取扱いに当たっては、次の事項に留意する必要がある。
① 言葉は、身近な人に親しみをもって接し、自分の感情や意志などを伝え、それに相手が応答し、その言葉を聞くことを通して次第に獲得されていくものであることを考慮して、子どもが保育士等や他の子どもと関わることにより心を動かされるような体験をし、言葉を交わす喜びを味わえるようにすること。
② 子どもが自分の思いを言葉で伝えるとともに、保育士等や他の子どもなどの話を興味をもって注意して聞くことを通して次第に話を理解するようになっていき、言葉による伝え合いができるようにすること。
③ 絵本や物語などで、その内容と自分の経験とを結び付けたり、想像を巡らせたりするなど、楽しみを十分に味わうことによって、次第に豊かなイメージをもち、言葉に対する感覚が養われるようにすること。

④ 子どもが生活の中で、言葉の響きやリズム、新しい言葉や表現などに触れ、これらを使う楽しさを味わえるようにすること。その際、絵本や物語に親しんだり、言葉遊びなどをしたりすることを通して、言葉が豊かになるようにすること。
⑤ 子どもが日常生活の中で、文字などを使いながら思ったことや考えたことを伝える喜びや楽しさを味わい、文字に対する興味や関心をもつようにすること。

オ　表現
　感じたことや考えたことを自分なりに表現することを通して、豊かな感性や表現する力を養い、創造性を豊かにする。

(ア) ねらい
① いろいろなものの美しさなどに対する豊かな感性をもつ。
② 感じたことや考えたことを自分なりに表現して楽しむ。
③ 生活の中でイメージを豊かにし、様々な表現を楽しむ。

(イ) 内容
① 生活の中で様々な音、形、色、手触り、動きなどに気付いたり、感じたりするなどして楽しむ。
② 生活の中で美しいものや心を動かす出来事に触れ、イメージを豊かにする。
③ 様々な出来事の中で、感動したことを伝え合う楽しさを味わう。
④ 感じたこと、考えたことなどを音や動きなどで表現した

り、自由にかいたり、つくったりなどする。
　⑤　いろいろな素材に親しみ、工夫して遊ぶ。
　⑥　音楽に親しみ、歌を歌ったり、簡単なリズム楽器を使ったりなどする楽しさを味わう。
　⑦　かいたり、つくったりすることを楽しみ、遊びに使ったり、飾ったりなどする。
　⑧　自分のイメージを動きや言葉などで表現したり、演じて遊んだりするなどの楽しさを味わう。
（ウ）　内容の取扱い
　　　上記の取扱いに当たっては、次の事項に留意する必要がある。
　①　豊かな感性は、身近な環境と十分に関わる中で美しいもの、優れたもの、心を動かす出来事などに出会い、そこから得た感動を他の子どもや保育士等と共有し、様々に表現することなどを通して養われるようにすること。その際、風の音や雨の音、身近にある草や花の形や色など自然の中にある音、形、色などに気付くようにすること。
　②　子どもの自己表現は素朴な形で行われることが多いので、保育士等はそのような表現を受容し、子ども自身の表現しようとする意欲を受け止めて、子どもが生活の中で子どもらしい様々な表現を楽しむことができるようにすること。
　③　生活経験や発達に応じ、自ら様々な表現を楽しみ、表現する意欲を十分に発揮させることができるように、遊具や用具などを整えたり、様々な素材や表現の仕方に親しんだり、他の子どもの表現に触れられるよう配慮したりし、表現する過程を大切にして自己表現を楽しめるように工夫すること。
(3)　保育の実施に関わる配慮事項
　ア　第1章の4の(2)に示す「幼児期の終わりまでに育ってほしい姿」が、ねらい及び内容に基づく活動全体を通して資質・能力が育まれている子どもの小学校就学時の具体的な姿であることを踏まえ、指導を行う際には適宜考慮すること。
　イ　子どもの発達や成長の援助をねらいとした活動の時間については、意識的に保育の計画等において位置付けて、実施することが重要であること。なお、そのような活動の時間については、保護者の就労状況等に応じて子どもが保育所で過ごす時間がそれぞれ異なることに留意して設定すること。
　ウ　特に必要な場合には、各領域に示すねらいの趣旨に基づいて、具体的な内容を工夫し、それを加えても差し支えないが、その場合には、それが第1章の1に示す保育所保育に関する基本原則を逸脱しないよう慎重に配慮する必要があること。

4　保育の実施に関して留意すべき事項

(1)　保育全般に関わる配慮事項

ア　子どもの心身の発達及び活動の実態などの個人差を踏まえるとともに、一人一人の子どもの気持ちを受け止め、援助すること。
イ　子どもの健康は、生理的・身体的な育ちとともに、自主性や社会性、豊かな感性の育ちとがあいまってもたらされることに留意すること。
ウ　子どもが自ら周囲に働きかけ、試行錯誤しつつ自分の力で行う活動を見守りながら、適切に援助すること。
エ　子どもの入所時の保育に当たっては、できるだけ個別的に対応し、子どもが安定感を得て、次第に保育所の生活になじんでいくようにするとともに、既に入所している子どもに不安や動揺を与えないようにすること。
オ　子どもの国籍や文化の違いを認め、互いに尊重する心を育てるようにすること。
カ　子どもの性差や個人差にも留意しつつ、性別などによる固定的な意識を植え付けることがないようにすること。
(2)　小学校との連携
ア　保育所においては、保育所保育が、小学校以降の生活や学習の基盤の育成につながることに配慮し、幼児期にふさわしい生活を通じて、創造的な思考や主体的な生活態度などの基礎を培うようにすること。
イ　保育所保育において育まれた資質・能力を踏まえ、小学校教育が円滑に行われるよう、小学校教師との意見交換や合同の研究の機会などを設け、第1章の4の(2)に示す「幼児期の終わりまでに育って欲しい姿」を共有するなど連携を図り、保育所保育と小学校教育との円滑な接続を図るよう努めること。
ウ　子どもに関する情報共有に関して、保育所に入所している子どもの就学に際し、市町村の支援の下に、子どもの育ちを支えるための資料が保育所から小学校へ送付されるようにすること。
(3)　家庭及び地域社会との連携
　　子どもの生活の連続性を踏まえ、家庭及び地域社会と連携して保育が展開されるよう配慮すること。その際、家庭や地域の機関及び団体の協力を得て、地域の自然、高齢者や異年齢の子ども等を含む人材、行事、施設等の地域の資源を積極的に活用し、豊かな生活体験をはじめ保育内容の充実が図られるよう配慮すること。

第3章　健康及び安全

　保育所保育において、子どもの健康及び安全の確保は、子どもの生命の保持と健やかな生活の基本であり、一人一人の子どもの健康の保持及び増進並びに安全の確保とともに、保育所全体における健康及び安全の確保に努めることが重要となる。
　また、子どもが、自らの体や健康に関心をもち、心身の機能を高めていくことが大切である。
　このため、第1章及び第2章等の関連する事項に留意し、次に示す事項を踏まえ、保育を行うこととする。

1　子どもの健康支援

(1) 子どもの健康状態並びに発育及び発達状態の把握

ア　子どもの心身の状態に応じて保育するために、子どもの健康状態並びに発育及び発達状態について、定期的・継続的に、また、必要に応じて随時、把握すること。

イ　保護者からの情報とともに、登所時及び保育中を通じて子どもの状態を観察し、何らかの疾病が疑われる状態や傷害が認められた場合には、保護者に連絡するとともに、嘱託医と相談するなど適切な対応を図ること。看護師等が配置されている場合には、その専門性を生かした対応を図ること。

ウ　子どもの心身の状態等を観察し、不適切な養育の兆候が見られる場合には、市町村や関係機関と連携し、児童福祉法第25条に基づき、適切な対応を図ること。また、虐待が疑われる場合には、速やかに市町村又は児童相談所に通告し、適切な対応を図ること。

(2) 健康増進

ア　子どもの健康に関する保健計画を全体的な計画に基づいて作成し、全職員がそのねらいや内容を踏まえ、一人一人の子どもの健康の保持及び増進に努めていくこと。

イ　子どもの心身の健康状態や疾病等の把握のために、嘱託医等により定期的に健康診断を行い、その結果を記録し、保育に活用するとともに、保護者が子どもの状態を理解し、日常生活に活用できるようにすること。

(3) 疾病等への対応

ア　保育中に体調不良や傷害が発生した場合には、その子どもの状態等に応じて、保護者に連絡するとともに、適宜、嘱託医や子どものかかりつけ医等と相談し、適切な処置を行うこと。看護師等が配置されている場合には、その専門性を生かした対応を図ること。

イ　感染症やその他の疾病の発生予防に努め、その発生や疑いがある場合には、必要に応じて嘱託医、市町村、保健所等に連絡し、その指示に従うとともに、保護者や全職員に連絡し、予防等について協力を求めること。また、感染症に関する保育所の対応方法等について、あらかじめ関係機関の協力を得ておくこと。看護師等が配置されている場合には、その専門性を生かした対応を図ること。

ウ　アレルギー疾患を有する子どもの保育については、保護者と連携し、医師の診断及び指示に基づき、適切な対応を行うこと。また、食物アレルギーに関して、関係機関と連携して、当該保育所の体制構築など、安全な環境の整備を行うこと。看護師や栄養士等が配置されている場合には、その専門性を生かした対応を図ること。

エ　子どもの疾病等の事態に備え、医務室等の環境を整え、救急用の薬品、材料等を適切な管理の下に常備し、全職員が対応でき

るようにしておくこと。

2 食育の推進
(1) 保育所の特性を生かした食育
ア 保育所における食育は、健康な生活の基本としての「食を営む力」の育成に向け、その基礎を培うことを目標とすること。
イ 子どもが生活と遊びの中で、意欲をもって食に関わる体験を積み重ね、食べることを楽しみ、食事を楽しみ合う子どもに成長していくことを期待するものであること。
ウ 乳幼児期にふさわしい食生活が展開され、適切な援助が行われるよう、食事の提供を含む食育計画を全体的な計画に基づいて作成し、その評価及び改善に努めること。栄養士が配置されている場合は、専門性を生かした対応を図ること。
(2) 食育の環境の整備等
ア 子どもが自らの感覚や体験を通して、自然の恵みとしての食材や食の循環・環境への意識、調理する人への感謝の気持ちが育つように、子どもと調理員等との関わりや、調理室など食に関わる保育環境に配慮すること。
イ 保護者や地域の多様な関係者との連携及び協働の下で、食に関する取組が進められること。また、市町村の支援の下に、地域の関係機関等との日常的な連携を図り、必要な協力が得られるよう努めること。
ウ 体調不良、食物アレルギー、障害のある子どもなど、一人一人の子どもの心身の状態等に応じ、嘱託医、かかりつけ医等の指示や協力の下に適切に対応すること。栄養士が配置されている場合は、専門性を生かした対応を図ること。

3 環境及び衛生管理並びに安全管理
(1) 環境及び衛生管理
ア 施設の温度、湿度、換気、採光、音などの環境を常に適切な状態に保持するとともに、施設内外の設備及び用具等の衛生管理に努めること。
イ 施設内外の適切な環境の維持に努めるとともに、子ども及び全職員が清潔を保つようにすること。また、職員は衛生知識の向上に努めること。
(2) 事故防止及び安全対策
ア 保育中の事故防止のために、子どもの心身の状態等を踏まえつつ、施設内外の安全点検に努め、安全対策のために全職員の共通理解や体制づくりを図るとともに、家庭や地域の関係機関の協力の下に安全指導を行うこと。
イ 事故防止の取組を行う際には、特に、睡眠中、プール活動・水遊び中、食事中等の場面では重大事故が発生しやすいことを踏まえ、子どもの主体的な活動を大切にしつつ、施設内外の環境の配慮や指導の工夫を行うなど、必要な対策を講じること。
ウ 保育中の事故の発生に備え、施設内外の危険箇所の点検や訓練を実施するとともに、外部からの不審者等の侵入防止のための措置や訓練など不測の事態に備

えて必要な対応を行うこと。また、子どもの精神保健面における対応に留意すること。

4 災害への備え

(1) 施設・設備等の安全確保
ア 防火設備、避難経路等の安全性が確保されるよう、定期的にこれらの安全点検を行うこと。
イ 備品、遊具等の配置、保管を適切に行い、日頃から、安全環境の整備に努めること。

(2) 災害発生時の対応体制及び避難への備え
ア 火災や地震などの災害の発生に備え、緊急時の対応の具体的内容及び手順、職員の役割分担、避難訓練計画等に関するマニュアルを作成すること。
イ 定期的に避難訓練を実施するなど、必要な対応を図ること。
ウ 災害の発生時に、保護者等への連絡及び子どもの引渡しを円滑に行うため、日頃から保護者との密接な連携に努め、連絡体制や引渡し方法等について確認をしておくこと。

(3) 地域の関係機関等との連携
ア 市町村の支援の下に、地域の関係機関との日常的な連携を図り、必要な協力が得られるよう努めること。
イ 避難訓練については、地域の関係機関や保護者との連携の下に行うなど工夫すること。

第4章 子育て支援

保育所における保護者に対する子育て支援は、全ての子どもの健やかな育ちを実現することができるよう、第1章及び第2章等の関連する事項を踏まえ、子どもの育ちを家庭と連携して支援していくとともに、保護者及び地域が有する子育てを自ら実践する力の向上に資するよう、次の事項に留意するものとする。

1 保育所における子育て支援に関する基本的事項

(1) 保育所の特性を生かした子育て支援
ア 保護者に対する子育て支援を行う際には、各地域や家庭の実態等を踏まえるとともに、保護者の気持ちを受け止め、相互の信頼関係を基本に、保護者の自己決定を尊重すること。
イ 保育及び子育てに関する知識や技術など、保育士等の専門性や、子どもが常に存在する環境など、保育所の特性を生かし、保護者が子どもの成長に気付き子育ての喜びを感じられるように努めること。

(2) 子育て支援に関して留意すべき事項
ア 保護者に対する子育て支援における地域の関係機関等との連携及び協働を図り、保育所全体の体制構築に努めること。
イ 子どもの利益に反しない限りにおいて、保護者や子どものプライバシーを保護し、知り得た事柄の秘密を保持すること。

2 保育所を利用している保護者に対する子育て支援

(1) 保護者との相互理解

ア 日常の保育に関連した様々な機会を活用し子どもの日々の様子の伝達や収集、保育所保育の意図の説明などを通じて、保護者との相互理解を図るよう努めること。
イ 保育の活動に対する保護者の積極的な参加は、保護者の子育てを自ら実践する力の向上に寄与することから、これを促すこと。
(2) 保護者の状況に配慮した個別の支援
ア 保護者の就労と子育ての両立等を支援するため、保護者の多様化した保育の需要に応じ、病児保育事業など多様な事業を実施する場合には、保護者の状況に配慮するとともに、子どもの福祉が尊重されるよう努め、子どもの生活の連続性を考慮すること。
イ 子どもに障害や発達上の課題が見られる場合には、市町村や関係機関と連携及び協力を図りつつ、保護者に対する個別の支援を行うよう努めること。
ウ 外国籍家庭など、特別な配慮を必要とする家庭の場合には、状況等に応じて個別の支援を行うよう努めること。
(3) 不適切な養育等が疑われる家庭への支援
ア 保護者に育児不安等が見られる場合には、保護者の希望に応じて個別の支援を行うよう努めること。
イ 保護者に不適切な養育等が疑われる場合には、市町村や関係機関と連携し、要保護児童対策地域協議会で検討するなど適切な対応を図ること。また、虐待が疑われる場合には、速やかに市町村又は児童相談所に通告し、適切な対応を図ること。

3 地域の保護者等に対する子育て支援
(1) 地域に開かれた子育て支援
ア 保育所は、児童福祉法第48条の4の規定に基づき、その行う保育に支障がない限りにおいて、地域の実情や当該保育所の体制等を踏まえ、地域の保護者等に対して、保育所保育の専門性を生かした子育て支援を積極的に行うよう努めること。
イ 地域の子どもに対する一時預かり事業などの活動を行う際には、一人一人の子どもの心身の状態などを考慮するとともに、日常の保育との関連に配慮するなど、柔軟に活動を展開できるようにすること。
(2) 地域の関係機関等との連携
ア 市町村の支援を得て、地域の関係機関等との積極的な連携及び協働を図るとともに、子育て支援に関する地域の人材と積極的に連携を図るよう努めること。
イ 地域の要保護児童への対応など、地域の子どもを巡る諸課題に対し、要保護児童対策地域協議会など関係機関等と連携及び協力して取り組むよう努めること。

第5章 職員の資質向上

第1章から前章までに示された事

項を踏まえ、保育所は、質の高い保育を展開するため、絶えず、一人一人の職員についての資質向上及び職員全体の専門性の向上を図るよう努めなければならない。

1　職員の資質向上に関する基本的事項

(1) 保育所職員に求められる専門性

　　子どもの最善の利益を考慮し、人権に配慮した保育を行うためには、職員一人一人の倫理観、人間性並びに保育所職員としての職務及び責任の理解と自覚が基盤となる。

　　各職員は、自己評価に基づく課題等を踏まえ、保育所内外の研修等を通じて、保育士・看護師・調理員・栄養士等、それぞれの職務内容に応じた専門性を高めるため、必要な知識及び技術の修得、維持及び向上に努めなければならない。

(2) 保育の質の向上に向けた組織的な取組

　　保育所においては、保育の内容等に関する自己評価等を通じて把握した、保育の質の向上に向けた課題に組織的に対応するため、保育内容の改善や保育士等の役割分担の見直し等に取り組むとともに、それぞれの職位や職務内容等に応じて、各職員が必要な知識及び技能を身につけられるよう努めなければならない。

2　施設長の責務

(1) 施設長の責務と専門性の向上

　　施設長は、保育所の役割や社会的責任を遂行するために、法令等を遵守し、保育所を取り巻く社会情勢等を踏まえ、施設長としての専門性等の向上に努め、当該保育所における保育の質及び職員の専門性向上のために必要な環境の確保に努めなければならない。

(2) 職員の研修機会の確保等

　　施設長は、保育所の全体的な計画や、各職員の研修の必要性等を踏まえて、体系的・計画的な研修機会を確保するとともに、職員の勤務体制の工夫等により、職員が計画的に研修等に参加し、その専門性の向上が図られるよう努めなければならない。

3　職員の研修等

(1) 職場における研修

　　職員が日々の保育実践を通じて、必要な知識及び技術の修得、維持及び向上を図るとともに、保育の課題等への共通理解や協働性を高め、保育所全体としての保育の質の向上を図っていくためには、日常的に職員同士が主体的に学び合う姿勢と環境が重要であり、職場内での研修の充実が図られなければならない。

(2) 外部研修の活用

　　各保育所における保育の課題への的確な対応や、保育士等の専門性の向上を図るためには、職場内での研修に加え、関係機関等による研修の活用が有効であることから、必要に応じて、こうした外部研修への参加機会

が確保されるよう努めなければならない。

4 研修の実施体制等

(1) 体系的な研修計画の作成

　保育所においては、当該保育所における保育の課題や各職員のキャリアパス等も見据えて、初任者から管理職員までの職位や職務内容等を踏まえた体系的な研修計画を作成しなければならない。

(2) 組織内での研修成果の活用

　外部研修に参加する職員は、自らの専門性の向上を図るとともに、保育所における保育の課題を理解し、その解決を実践できる力を身に付けることが重要である。また、研修で得た知識及び技能を他の職員と共有することにより、保育所全体としての保育実践の質及び専門性の向上につなげていくことが求められる。

(3) 研修の実施に関する留意事項

　施設長等は保育所全体としての保育実践の質及び専門性の向上のために、研修の受講は特定の職員に偏ることなく行われるよう、配慮する必要がある。また、研修を修了した職員については、その職務内容等において、当該研修の成果等が適切に勘案されることが望ましい。

幼保連携型認定こども園教育・保育要領

平成29年3月31日
内閣府
文部科学省
厚生労働省
告示第1号

目　次

第1章　総則
第2章　ねらい及び内容並びに配慮事項
第3章　健康及び安全
第4章　子育ての支援

第1章　総則

第1　幼保連携型認定こども園における教育及び保育の基本及び目標等

1　幼保連携型認定こども園における教育及び保育の基本

　乳幼児期の教育及び保育は、子どもの健全な心身の発達を図りつつ生涯にわたる人格形成の基礎を培う重要なものであり、幼保連携型認定こども園における教育及び保育は、就学前の子どもに関する教育、保育等の総合的な提供の推進に関する法律（平成18年法律第77号。以下「認定こども園法」という。）第2条第7項に規定する目的及び第9条に掲げる目標を達成するため、乳幼児期全体を通して、その特性及び保護者や地域の実態を踏まえ、環境を通して行うものであることを基本とし、家庭や地域での生活を含めた園児の生活全体が豊かなものとなるように努めなければならない。

　このため保育教諭等は、園児との信頼関係を十分に築き、園児が自ら安心して身近な環境に主体的に関わり、環境との関わり方や意味に気付き、これらを取り込もうとして、試行錯誤したり、考えたりするようになる幼児期の教育における見方・考え方を生かし、その活動が豊かに展開されるよう環境を整え、園児と共によりよい教育及び保育の環境を創造するように努めるものとする。これらを踏まえ、次に示す事項を重視して教育及び保育を行わなければならない。

(1)　乳幼児期は周囲への依存を基盤にしつつ自立に向かうものであることを考慮して、周囲との信頼関係に支えられた生活の中で、園児一人一人が安心感と信頼感をもっていろいろな活動に取り組む体験を十分に積み重ねられるようにすること。

(2)　乳幼児期においては生命の保持が図られ安定した情緒の下で自己を十分に発揮することにより発達に必要な体験を得ていくものであることを考慮して、園児の主体的な活動を促し、乳幼児期にふさわしい生活が展開されるようにすること。

(3)　乳幼児期における自発的な活動としての遊びは、心身の調和の

とれた発達の基礎を培う重要な学習であることを考慮して、遊びを通しての指導を中心として第2章に示すねらいが総合的に達成されるようにすること。
(4) 乳幼児期における発達は、心身の諸側面が相互に関連し合い、多様な経過をたどって成し遂げられていくものであること、また、園児の生活経験がそれぞれ異なることなどを考慮して、園児一人一人の特性や発達の過程に応じ、発達の課題に即した指導を行うようにすること。

　その際、保育教諭等は、園児の主体的な活動が確保されるよう、園児一人一人の行動の理解と予想に基づき、計画的に環境を構成しなければならない。この場合において、保育教諭等は、園児と人やものとの関わりが重要であることを踏まえ、教材を工夫し、物的・空間的環境を構成しなければならない。また、園児一人一人の活動の場面に応じて、様々な役割を果たし、その活動を豊かにしなければならない。

　なお、幼保連携型認定こども園における教育及び保育は、園児が入園してから修了するまでの在園期間全体を通して行われるものであり、この章の第3に示す幼保連携型認定こども園として特に配慮すべき事項を十分に踏まえて行うものとする。

2　幼保連携型認定こども園における教育及び保育の目標

　幼保連携型認定こども園は、家庭との連携を図りながら、この章の第1の1に示す幼保連携型認定こども園における教育及び保育の基本に基づいて一体的に展開される幼保連携型認定こども園における生活を通して、生きる力の基礎を育成するよう認定こども園法第9条に規定する幼保連携型認定こども園の教育及び保育の目標の達成に努めなければならない。幼保連携型認定こども園は、このことにより、義務教育及びその後の教育の基礎を培うとともに、子どもの最善の利益を考慮しつつ、その生活を保障し、保護者と共に園児を心身ともに健やかに育成するものとする。

　なお、認定こども園法第9条に規定する幼保連携型認定こども園の教育及び保育の目標については、発達や学びの連続性及び生活の連続性の観点から、小学校就学の始期に達するまでの時期を通じ、その達成に向けて努力すべき目当てとなるものであることから、満3歳未満の園児の保育にも当てはまることに留意するものとする。

3　幼保連携型認定こども園の教育及び保育において育みたい資質・能力及び「幼児期の終わりまでに育ってほしい姿」

(1)　幼保連携型認定こども園においては、生きる力の基礎を育むため、この章の1に示す幼保連携型認定こども園の教育及び保育の基本を踏まえ、次に掲げる資質・能力を一体的に育むよう努めるものとする。

ア　豊かな体験を通じて、感じたり、気付いたり、分かったり、でき

るようになったりする「知識及び技能の基礎」
　イ　気付いたことや、できるようになったことなどを使い、考えたり、試したり、工夫したり、表現したりする「思考力、判断力、表現力等の基礎」
　ウ　心情、意欲、態度が育つ中で、よりよい生活を営もうとする「学びに向かう力、人間性等」
(2)　(1)に示す資質・能力は、第2章に示すねらい及び内容に基づく活動全体によって育むものである。
(3)　次に示す「幼児期の終わりまでに育ってほしい姿」は、第2章に示すねらい及び内容に基づく活動全体を通して資質・能力が育まれている園児の幼保連携型認定こども園修了時の具体的な姿であり、保育教諭等が指導を行う際に考慮するものである。
　ア　健康な心と体
　　　幼保連携型認定こども園における生活の中で、充実感をもって自分のやりたいことに向かって心と体を十分に働かせ、見通しをもって行動し、自ら健康で安全な生活をつくり出すようになる。
　イ　自立心
　　　身近な環境に主体的に関わり様々な活動を楽しむ中で、しなければならないことを自覚し、自分の力で行うために考えたり、工夫したりしながら、諦めずにやり遂げることで達成感を味わい、自信をもって行動するようになる。
　ウ　協同性
　　　友達と関わる中で、互いの思いや考えなどを共有し、共通の目的の実現に向けて、考えたり、工夫したり、協力したりし、充実感をもってやり遂げるようになる。
　エ　道徳性・規範意識の芽生え
　　　友達と様々な体験を重ねる中で、してよいことや悪いことが分かり、自分の行動を振り返ったり、友達の気持ちに共感したりし、相手の立場に立って行動するようになる。また、きまりを守る必要性が分かり、自分の気持ちを調整し、友達と折り合いを付けながら、きまりをつくったり、守ったりするようになる。
　オ　社会生活との関わり
　　　家族を大切にしようとする気持ちをもつとともに、地域の身近な人と触れ合う中で、人との様々な関わり方に気付き、相手の気持ちを考えて関わり、自分が役に立つ喜びを感じ、地域に親しみをもつようになる。また、幼保連携型認定こども園内外の様々な環境に関わる中で、遊びや生活に必要な情報を取り入れ、情報に基づき判断したり、情報を伝え合ったり、活用したりするなど、情報を役立てながら活動するようになるとともに、公共の施設を大切に利用するなどして、社会とのつながりなどを意識するようになる。
　カ　思考力の芽生え
　　　身近な事象に積極的に関わる中で、物の性質や仕組みなどを感じ取ったり、気付いたりし、

考えたり、予想したり、工夫したりするなど、多様な関わりを楽しむようになる。また、友達の様々な考えに触れる中で、自分と異なる考えがあることに気付き、自ら判断したり、考え直したりするなど、新しい考えを生み出す喜びを味わいながら、自分の考えをよりよいものにするようになる。

キ　自然との関わり・生命尊重

自然に触れて感動する体験を通して、自然の変化などを感じ取り、好奇心や探究心をもって考え言葉などで表現しながら、身近な事象への関心が高まるとともに、自然への愛情や畏敬の念をもつようになる。また、身近な動植物に心を動かされる中で、生命の不思議さや尊さに気付き、身近な動植物への接し方を考え、命あるものとしていたわり、大切にする気持ちをもって関わるようになる。

ク　数量や図形、標識や文字などへの関心・感覚

遊びや生活の中で、数量や図形、標識や文字などに親しむ体験を重ねたり、標識や文字の役割に気付いたりし、自らの必要感に基づきこれらを活用し、興味や関心、感覚をもつようになる。

ケ　言葉による伝え合い

保育教諭等や友達と心を通わせる中で、絵本や物語などに親しみながら、豊かな言葉や表現を身に付け、経験したことや考えたことなどを言葉で伝えたり、相手の話を注意して聞いたりし、言葉による伝え合いを楽しむようになる。

コ　豊かな感性と表現

心を動かす出来事などに触れ感性を働かせる中で、様々な素材の特徴や表現の仕方などに気付き、感じたことや考えたことを自分で表現したり、友達同士で表現する過程を楽しんだりし、表現する喜びを味わい、意欲をもつようになる。

第2　教育及び保育の内容並びに子育ての支援等に関する全体的な計画等

1　教育及び保育の内容並びに子育ての支援等に関する全体的な計画の作成等

(1)　教育及び保育の内容並びに子育ての支援等に関する全体的な計画の役割

各幼保連携型認定こども園においては、教育基本法（平成18年法律第120号）、児童福祉法（昭和22年法律第164号）及び認定こども園法その他の法令並びにこの幼保連携型認定こども園教育・保育要領の示すところに従い、教育と保育を一体的に提供するため、創意工夫を生かし、園児の心身の発達と幼保連携型認定こども園、家庭及び地域の実態に即応した適切な教育及び保育の内容並びに子育ての支援等に関する全体的な計画を作成するものとする。

教育及び保育の内容並びに子育ての支援等に関する全体的な計画とは、教育と保育を一体的に捉え、園児の入園から修了ま

での在園期間の全体にわたり、幼保連携型認定こども園の目標に向かってどのような過程をたどって教育及び保育を進めていくかを明らかにするものであり、子育ての支援と有機的に連携し、園児の園生活全体を捉え、作成する計画である。

　各幼保連携型認定こども園においては、「幼児期の終わりまでに育ってほしい姿」を踏まえ教育及び保育の内容並びに子育ての支援等に関する全体的な計画を作成すること、その実施状況を評価して改善を図っていくこと、また実施に必要な人的又は物的な体制を確保するとともにその改善を図っていくことなどを通して、教育及び保育の内容並びに子育ての支援等に関する全体的な計画に基づき組織的かつ計画的に各幼保連携型認定こども園の教育及び保育活動の質の向上を図っていくこと（以下「カリキュラム・マネジメント」という。）に努めるものとする。

(2)　各幼保連携型認定こども園の教育及び保育の目標と教育及び保育の内容並びに子育ての支援等に関する全体的な計画の作成

　教育及び保育の内容並びに子育ての支援等に関する全体的な計画の作成に当たっては、幼保連携型認定こども園の教育及び保育において育みたい資質・能力を踏まえつつ、各幼保連携型認定こども園の教育及び保育の目標を明確にするとともに、教育及び保育の内容並びに子育ての支援等に関する全体的な計画の作成についての基本的な方針が家庭や地域とも共有されるよう努めるものとする。

(3)　教育及び保育の内容並びに子育ての支援等に関する全体的な計画の作成上の基本的事項

ア　幼保連携型認定こども園における生活の全体を通して第2章に示すねらいが総合的に達成されるよう、教育課程に係る教育期間や園児の生活経験や発達の過程などを考慮して具体的なねらいと内容を組織するものとする。この場合においては、特に、自我が芽生え、他者の存在を意識し、自己を抑制しようとする気持ちが生まれるなどの乳幼児期の発達の特性を踏まえ、入園から修了に至るまでの長期的な視野をもって充実した生活が展開できるように配慮するものとする。

イ　幼保連携型認定こども園の満3歳以上の園児の教育課程に係る教育週数は、特別の事情のある場合を除き、39週を下ってはならない。

ウ　幼保連携型認定こども園の1日の教育課程に係る教育時間は、4時間を標準とする。ただし、園児の心身の発達の程度や季節などに適切に配慮するものとする。

エ　幼保連携型認定こども園の保育を必要とする子どもに該当する園児に対する教育及び保育の時間（満3歳以上の保育を必要とする子どもに該当する園児については、この章の第2の1の(3)

ウ に規定する教育時間を含む。)は、1日につき8時間を原則とし、園長がこれを定める。ただし、その地方における園児の保護者の労働時間その他家庭の状況等を考慮するものとする。
(4) 教育及び保育の内容並びに子育ての支援等に関する全体的な計画の実施上の留意事項

各幼保連携型認定こども園においては、園長の方針の下に、園務分掌に基づき保育教諭等職員が適切に役割を分担しつつ、相互に連携しながら、教育及び保育の内容並びに子育ての支援等に関する全体的な計画や指導の改善を図るものとする。また、各幼保連携型認定こども園が行う教育及び保育等に係る評価については、教育及び保育の内容並びに子育ての支援等に関する全体的な計画の作成、実施、改善が教育及び保育活動や園運営の中核となることを踏まえ、カリキュラム・マネジメントと関連付けながら実施するよう留意するものとする。
(5) 小学校教育との接続に当たっての留意事項
ア 幼保連携型認定こども園においては、その教育及び保育が、小学校以降の生活や学習の基盤の育成につながることに配慮し、乳幼児期にふさわしい生活を通して、創造的な思考や主体的な生活態度などの基礎を培うようにするものとする。
イ 幼保連携型認定こども園の教育及び保育において育まれた資質・能力を踏まえ、小学校教育が円滑に行われるよう、小学校の教師との意見交換や合同の研究の機会などを設け、「幼児期の終わりまでに育ってほしい姿」を共有するなど連携を図り、幼保連携型認定こども園における教育及び保育と小学校教育との円滑な接続を図るよう努めるものとする。
2 指導計画の作成と園児の理解に基づいた評価
(1) 指導計画の考え方

幼保連携型認定こども園における教育及び保育は、園児が自ら意欲をもって環境と関わることによりつくり出される具体的な活動を通して、その目標の達成を図るものである。

幼保連携型認定こども園においてはこのことを踏まえ、乳幼時期にふさわしい生活が展開され、適切な指導が行われるよう、調和のとれた組織的、発展的な指導計画を作成し、園児の活動に沿った柔軟な指導を行わなければならない。
(2) 指導計画の作成上の基本的事項
ア 指導計画は、園児の発達に即して園児一人一人が乳幼児期にふさわしい生活を展開し、必要な体験を得られるようにするために、具体的に作成するものとする。
イ 指導計画の作成に当たっては、次に示すところにより、具体的なねらい及び内容を明確に設定し、適切な環境を構成することなどにより活動が選択・展開されるようにするものとする。

(ア) 具体的なねらい及び内容は、幼保連携型認定こども園の生活における園児の発達の過程を見通し、園児の生活の連続性、季節の変化などを考慮して、園児の興味や関心、発達の実情などに応じて設定すること。

(イ) 環境は、具体的なねらいを達成するために適切なものとなるように構成し、園児が自らその環境に関わることにより様々な活動を展開しつつ必要な体験を得られるようにすること。その際、園児の生活する姿や発想を大切にし、常にその環境が適切なものとなるようにすること。

(ウ) 園児の行う具体的な活動は、生活の流れの中で様々に変化するものであることに留意し、園児が望ましい方向に向かって自ら活動を展開していくことができるよう必要な援助をすること。

その際、園児の実態及び園児を取り巻く状況の変化などに即して指導の過程についての評価を適切に行い、常に指導計画の改善を図るものとする。

(3) 指導計画の作成上の留意事項
指導計画の作成に当たっては、次の事項に留意するものとする。

ア 園児の生活は、入園当初の一人一人の遊びや保育教諭等との触れ合いを通して幼保連携型認定こども園の生活に親しみ、安定していく時期から、他の園児との関わりの中で園児の主体的な活動が深まり、園児が互いに必要な存在であることを認識するようになる。その後、園児同士や学級全体で目的をもって協同して幼保連携型認定こども園の生活を展開し、深めていく時期などに至るまでの過程を様々に経ながら広げられていくものである。これらを考慮し、活動がそれぞれの時期にふさわしく展開されるようにすること。

また、園児の入園当初の教育及び保育に当たっては、既に在園している園児に不安や動揺を与えないようにしつつ、可能な限り個別的に対応し、園児が安定感を得て、次第に幼保連携型認定こども園の生活になじんでいくよう配慮すること。

イ 長期的に発達を見通した年、学期、月などにわたる長期の指導計画やこれとの関連を保ちながらより具体的な園児の生活に即した週、日などの短期の指導計画を作成し、適切な指導が行われるようにすること。特に、週、日などの短期の指導計画については、園児の生活のリズムに配慮し、園児の意識や興味の連続性のある活動が相互に関連して幼保連携型認定こども園の生活の自然な流れの中に組み込まれるようにすること。

ウ 園児が様々な人やものとの関わりを通して、多様な体験をし、心身の調和のとれた発達を促すようにしていくこと。その際、園児の発達に即して主体的・対話的で深い学びが実現するよう

にするとともに、心を動かされる体験が次の活動を生み出すことを考慮し、一つ一つの体験が相互に結び付き、幼保連携型認定こども園の生活が充実するようにすること。

エ 言語に関する能力の発達と思考力等の発達が関連していることを踏まえ、幼保連携型認定こども園における生活全体を通して、園児の発達を踏まえた言語環境を整え、言語活動の充実を図ること。

オ 園児が次の活動への期待や意欲をもつことができるよう、園児の実態を踏まえながら、保育教諭等や他の園児と共に遊びや生活の中で見通しをもったり、振り返ったりするよう工夫すること。

カ 行事の指導に当たっては、幼保連携型認定こども園の生活の自然な流れの中で生活に変化や潤いを与え、園児が主体的に楽しく活動できるようにすること。なお、それぞれの行事については教育及び保育における価値を十分検討し、適切なものを精選し、園児の負担にならないようにすること。

キ 乳幼児期は直接的な体験が重要であることを踏まえ、視聴覚教材やコンピュータなど情報機器を活用する際には、幼保連携型認定こども園の生活では得難い体験を補完するなど、園児の体験との関連を考慮すること。

ク 園児の主体的な活動を促すためには、保育教諭等が多様な関わりをもつことが重要であることを踏まえ、保育教諭等は、理解者、共同作業者など様々な役割を果たし、園児の情緒の安定や発達に必要な豊かな体験が得られるよう、活動の場面に応じて、園児の人権や園児一人一人の個人差等に配慮した適切な指導を行うようにすること。

ケ 園児の行う活動は、個人、グループ、学級全体などで多様に展開されるものであることを踏まえ、幼保連携型認定こども園全体の職員による協力体制を作りながら、園児一人一人が興味や欲求を十分に満足させるよう適切な援助を行うようにすること。

コ 園児の生活は、家庭を基盤として地域社会を通じて次第に広がりをもつものであることに留意し、家庭との連携を十分に図るなど、幼保連携型認定こども園における生活が家庭や地域社会と連続性を保ちつつ展開されるようにするものとする。その際、地域の自然、高齢者や異年齢の子どもなどを含む人材、行事や公共施設などの地域の資源を積極的に活用し、園児が豊かな生活体験を得られるように工夫するものとする。また、家庭との連携に当たっては、保護者との情報交換の機会を設けたり、保護者と園児との活動の機会を設けたりなどすることを通じて、保護者の乳幼児期の教育及び保育に関する理解が深まるよう配慮するものとする。

サ 地域や幼保連携型認定こども園の実態等により、幼保連携型認

定こども園間に加え、幼稚園、保育所等の保育施設、小学校、中学校、高等学校及び特別支援学校などとの間の連携や交流を図るものとする。特に、小学校教育との円滑な接続のため、幼保連携型認定こども園の園児と小学校の児童との交流の機会を積極的に設けるようにするものとする。また、障害のある園児児童生徒との交流及び共同学習の機会を設け、共に尊重し合いながら協働して生活していく態度を育むよう努めるものとする。

(4) 園児の理解に基づいた評価の実施

園児一人一人の発達の理解に基づいた評価の実施に当たっては、次の事項に配慮するものとする。

ア 指導の過程を振り返りながら園児の理解を進め、園児一人一人のよさや可能性などを把握し、指導の改善に生かすようにすること。その際、他の園児との比較や一定の基準に対する達成度についての評定によって捉えるものではないことに留意すること。

イ 評価の妥当性や信頼性が高められるよう創意工夫を行い、組織的かつ計画的な取組を推進するとともに、次年度又は小学校等にその内容が適切に引き継がれるようにすること。

3 特別な配慮を必要とする園児への指導

(1) 障害のある園児などへの指導

障害のある園児などへの指導に当たっては、集団の中で生活することを通して全体的な発達を促していくことに配慮し、適切な環境の下で、障害のある園児が他の園児との生活を通して共に成長できるよう、特別支援学校などの助言又は援助を活用しつつ、個々の園児の障害の状態などに応じた指導内容や指導方法の工夫を組織的かつ計画的に行うものとする。また、家庭、地域及び医療や福祉、保健等の業務を行う関係機関との連携を図り、長期的な視点で園児への教育及び保育的支援を行うために、個別の教育及び保育支援計画を作成し活用することに努めるとともに、個々の園児の実態を的確に把握し、個別の指導計画を作成し活用することに努めるものとする。

(2) 海外から帰国した園児や生活に必要な日本語の習得に困難のある園児の幼保連携型認定こども園の生活への適応

海外から帰国した園児や生活に必要な日本語の習得に困難のある園児については、安心して自己を発揮できるよう配慮するなど個々の園児の実態に応じ、指導内容や指導方法の工夫を組織的かつ計画的に行うものとする。

第3 幼保連携型認定こども園として特に配慮すべき事項

幼保連携型認定こども園における教育及び保育を行うに当たっては、次の事項について特に配慮しなけれ

ばならない。

1 当該幼保連携型認定こども園に入園した年齢により集団生活の経験年数が異なる園児がいることに配慮する等、０歳から小学校就学前までの一貫した教育及び保育を園児の発達や学びの連続性を考慮して展開していくこと。特に満３歳以上については入園する園児が多いことや同一学年の園児で編制される学級の中で生活することなどを踏まえ、家庭や他の保育施設等との連携や引継ぎを円滑に行うとともに、環境の工夫をすること。

2 園児の一日の生活の連続性及びリズムの多様性に配慮するとともに、保護者の生活形態を反映した園児の在園時間の長短、入園時期や登園日数の違いを踏まえ、園児一人一人の状況に応じ、教育及び保育の内容やその展開について工夫をすること。特に入園及び年度当初においては、家庭との連携の下、園児一人一人の生活の仕方やリズムに十分に配慮して一日の自然な生活の流れをつくり出していくようにすること。

3 環境を通して行う教育及び保育の活動の充実を図るため、幼保連携型認定こども園における教育及び保育の環境の構成に当たっては、乳幼児期の特性及び保護者や地域の実態を踏まえ、次の事項に留意すること。

(1) ０歳から小学校就学前までの様々な年齢の園児の発達の特性を踏まえ、満３歳未満の園児については特に健康、安全や発達の確保を十分に図るとともに、満３歳以上の園児については同一学年の園児で編制される学級による集団活動の中で遊びを中心とする園児の主体的な活動を通して発達や学びを促す経験が得られるよう工夫をすること。特に、満３歳以上の園児同士が共に育ち、学び合いながら、豊かな体験を積み重ねることができるよう工夫をすること。

(2) 在園時間が異なる多様な園児がいることを踏まえ、園児の生活が安定するよう、家庭や地域、幼保連携型認定こども園における生活の連続性を確保するとともに、一日の生活のリズムを整えるよう工夫をすること。特に満３歳未満の園児については睡眠時間等の個人差に配慮するとともに、満３歳以上の園児については集中して遊ぶ場と家庭的な雰囲気の中でくつろぐ場との適切な調和等の工夫をすること。

(3) 家庭や地域において異年齢の子どもと関わる機会が減少していることを踏まえ、満３歳以上の園児については、学級による集団活動とともに、満３歳未満の園児を含む異年齢の園児による活動を、園児の発達の状況にも配慮しつつ適切に組み合わせて設定するなどの工夫をすること。

(4) 満３歳以上の園児については、特に長期的な休業中、園児が過ごす家庭や園などの生活の場が異なることを踏まえ、それぞれの多様な生活経験が長期的な休業などの終了後等の園生活に生かされるよう工夫をすること。

4 指導計画を作成する際には、この章に示す指導計画の作成上の留意事項を踏まえるとともに、次の事項にも特に配慮すること。
(1) 園児の発達の個人差、入園した年齢の違いなどによる集団生活の経験年数の差、家庭環境等を踏まえ、園児一人一人の発達の特性や課題に十分留意すること。特に満3歳未満の園児については、大人への依存度が極めて高い等の特性があることから、個別的な対応を図ること。また、園児の集団生活への円滑な接続について、家庭等との連携及び協力を図る等十分留意すること。
(2) 園児の発達の連続性を考慮した教育及び保育を展開する際には、次の事項に留意すること。
ア 満3歳未満の園児については、園児一人一人の生育歴、心身の発達、活動の実態等に即して、個別的な計画を作成すること。
イ 満3歳以上の園児については、個の成長と、園児相互の関係や協同的な活動が促されるよう考慮すること。
ウ 異年齢で構成されるグループ等での指導に当たっては、園児一人一人の生活や経験、発達の過程などを把握し、適切な指導や環境の構成ができるよう考慮すること。
(3) 一日の生活のリズムや在園時間が異なる園児が共に過ごすことを踏まえ、活動と休息、緊張感と解放感等の調和を図るとともに、園児に不安や動揺を与えないようにする等の配慮を行うこと。その際、担当の保育教諭等が替わる場合には、園児の様子等引継ぎを行い、十分な連携を図ること。
(4) 午睡は生活のリズムを構成する重要な要素であり、安心して眠ることのできる安全な午睡環境を確保するとともに、在園時間が異なることや、睡眠時間は園児の発達の状況や個人によって差があることから、一律とならないよう配慮すること。
(5) 長時間にわたる教育及び保育については、園児の発達の過程、生活のリズム及び心身の状態に十分配慮して、保育の内容や方法、職員の協力体制、家庭との連携などを指導計画に位置付けること。
5 生命の保持や情緒の安定を図るなど養護の行き届いた環境の下、幼保連携型認定こども園における教育及び保育を展開すること。
(1) 園児一人一人が、快適にかつ健康で安全に過ごせるようにするとともに、その生理的欲求が十分に満たされ、健康増進が積極的に図られるようにするため、次の事項に留意すること。
ア 園児一人一人の平常の健康状態や発育及び発達の状態を的確に把握し、異常を感じる場合は、速やかに適切に対応すること。
イ 家庭との連携を密にし、学校医等との連携を図りながら、園児の疾病や事故防止に関する認識を深め、保健的で安全な環境の維持及び向上に努めること。
ウ 清潔で安全な環境を整え、適切な援助や応答的な関わりを通し

て、園児の生理的欲求を満たしていくこと。また、家庭と協力しながら、園児の発達の過程等に応じた適切な生活のリズムがつくられていくようにすること。
　エ　園児の発達の過程等に応じて、適度な運動と休息をとることができるようにすること。また、食事、排泄、睡眠、衣類の着脱、身の回りを清潔にすることなどについて、園児が意欲的に生活できるよう適切に援助すること。
(2)　園児一人一人が安定感をもって過ごし、自分の気持ちを安心して表すことができるようにするとともに、周囲から主体として受け止められ主体として育ち、自分を肯定する気持ちが育まれていくようにし、くつろいで共に過ごし、心身の疲れが癒やされるようにするため、次の事項に留意すること。
　ア　園児一人一人の置かれている状態や発達の過程などを的確に把握し、園児の欲求を適切に満たしながら、応答的な触れ合いや言葉掛けを行うこと。
　イ　園児一人一人の気持ちを受容し、共感しながら、園児との継続的な信頼関係を築いていくこと。
　ウ　保育教諭等との信頼関係を基盤に、園児一人一人が主体的に活動し、自発性や探索意欲などを高めるとともに、自分への自信をもつことができるよう成長の過程を見守り、適切に働き掛けること。

　エ　園児一人一人の生活のリズム、発達の過程、在園時間などに応じて、活動内容のバランスや調和を図りながら、適切な食事や休息がとれるようにすること。
6　園児の健康及び安全は、園児の生命の保持と健やかな生活の基本であり、幼保連携型認定こども園の生活全体を通して健康や安全に関する管理や指導、食育の推進等に十分留意すること。
7　保護者に対する子育ての支援に当たっては、この章に示す幼保連携型認定こども園における教育及び保育の基本及び目標を踏まえ、子どもに対する学校としての教育及び児童福祉施設としての保育並びに保護者に対する子育ての支援について相互に有機的な連携が図られるようにすること。また、幼保連携型認定こども園の目的の達成に資するため、保護者が子どもの成長に気付き子育ての喜びが感じられるよう、幼保連携型認定こども園の特性を生かした子育ての支援に努めること。

第2章　ねらい及び内容並びに配慮事項

　この章に示すねらいは、幼保連携型認定こども園の教育及び保育において育みたい資質・能力を園児の生活する姿から捉えたものであり、内容は、ねらいを達成するために指導する事項である。各視点や領域は、この時期の発達の特徴を踏まえ、教育及び保育のねらい及び内容を乳幼児の発達の側面から、乳児は三つの

視点として、幼児は五つの領域としてまとめ、示したものである。内容の取扱いは、園児の発達を踏まえた指導を行うに当たって留意すべき事項である。

　各視点や領域に示すねらいは、幼保連携型認定こども園における生活の全体を通じ、園児が様々な体験を積み重ねる中で相互に関連をもちながら次第に達成に向かうものであること、内容は、園児が環境に関わって展開する具体的な活動を通して総合的に指導されるものであることに留意しなければならない。

　また、「幼児期の終わりまでに育ってほしい姿」が、ねらい及び内容に基づく活動全体を通して資質・能力が育まれている園児の幼保連携型認定こども園修了時の具体的な姿であることを踏まえ、指導を行う際に考慮するものとする。

　なお、特に必要な場合には、各視点や領域に示すねらいの趣旨に基づいて適切な、具体的な内容を工夫し、それを加えても差し支えないが、その場合には、それが第1章の第1に示す幼保連携型認定こども園の教育及び保育の基本及び目標を逸脱しないよう慎重に配慮する必要がある。

第1　乳児期の園児の保育に関するねらい及び内容

基本的事項
1　乳児期の発達については、視覚、聴覚などの感覚や、座る、はう、歩くなどの運動機能が著しく発達し、特定の大人との応答的な関わりを通じて、情緒的な絆(きずな)が形成されるといった特徴がある。これらの発達の特徴を踏まえて、乳児期の園児の保育は、愛情豊かに、応答的に行われることが特に必要である。

2　本項においては、この時期の発達の特徴を踏まえ、乳児期の園児の保育のねらい及び内容については、身体的発達に関する視点「健やかに伸び伸びと育つ」、社会的発達に関する視点「身近な人と気持ちが通じ合う」及び精神的発達に関する視点「身近なものと関わり感性が育つ」としてまとめ、示している。

ねらい及び内容
健やかに伸び伸びと育つ
　〔健康な心と体を育て、自ら健康で安全な生活をつくり出す力の基盤を培う。〕
1　ねらい
(1)　身体感覚が育ち、快適な環境に心地よさを感じる。
(2)　伸び伸びと体を動かし、はう、歩くなどの運動をしようとする。
(3)　食事、睡眠等の生活のリズムの感覚が芽生える。
2　内容
(1)　保育教諭等の愛情豊かな受容の下で、生理的・心理的欲求を満たし、心地よく生活をする。
(2)　一人一人の発育に応じて、はう、立つ、歩くなど、十分に体を動かす。
(3)　個人差に応じて授乳を行い、離乳を進めていく中で、様々な食品に少しずつ慣れ、食べることを楽しむ。
(4)　一人一人の生活のリズムに応じて、安全な環境の下で十分に午睡をする。

(5)　おむつ交換や衣服の着脱などを通じて、清潔になることの心地よさを感じる。
　3　内容の取扱い
　　　上記の取扱いに当たっては、次の事項に留意する必要がある。
　(1)　心と体の健康は、相互に密接な関連があるものであることを踏まえ、温かい触れ合いの中で、心と体の発達を促すこと。特に、寝返り、お座り、はいはい、つかまり立ち、伝い歩きなど、発育に応じて、遊びの中で体を動かす機会を十分に確保し、自ら体を動かそうとする意欲が育つようにすること。
　(2)　健康な心と体を育てるためには望ましい食習慣の形成が重要であることを踏まえ、離乳食が完了期へと徐々に移行する中で、様々な食品に慣れるようにするとともに、和やかな雰囲気の中で食べる喜びや楽しさを味わい、進んで食べようとする気持ちが育つようにすること。なお、食物アレルギーのある園児への対応については、学校医等の指示や協力の下に適切に対応すること。

身近な人と気持ちが通じ合う
　〔受容的・応答的な関わりの下で、何かを伝えようとする意欲や身近な大人との信頼関係を育て、人と関わる力の基盤を培う。〕
　1　ねらい
　(1)　安心できる関係の下で、身近な人と共に過ごす喜びを感じる。
　(2)　体の動きや表情、発声等により、保育教諭等と気持ちを通わせようとする。
　(3)　身近な人と親しみ、関わりを深め、愛情や信頼感が芽生える。
　2　内容
　(1)　園児からの働き掛けを踏まえた、応答的な触れ合いや言葉掛けによって、欲求が満たされ、安定感をもって過ごす。
　(2)　体の動きや表情、発声、喃語等を優しく受け止めてもらい、保育教諭等とのやり取りを楽しむ。
　(3)　生活や遊びの中で、自分の身近な人の存在に気付き、親しみの気持ちを表す。
　(4)　保育教諭等による語り掛けや歌い掛け、発声や喃語等への応答を通じて、言葉の理解や発語の意欲が育つ。
　(5)　温かく、受容的な関わりを通じて、自分を肯定する気持ちが芽生える。
　3　内容の取扱い
　　　上記の取扱いに当たっては、次の事項に留意する必要がある。
　(1)　保育教諭等との信頼関係に支えられて生活を確立していくことが人と関わる基盤となることを考慮して、園児の多様な感情を受け止め、温かく受容的・応答的に関わり、一人一人に応じた適切な援助を行うようにすること。
　(2)　身近な人に親しみをもって接し、自分の感情などを表し、それに相手が応答する言葉を聞くことを通して、次第に言葉が獲得されていくことを考慮して、楽しい雰囲気の中での保育教諭等との関わり合いを大切にし、ゆっくりと優しく話し掛けるな

ど、積極的に言葉のやり取りを楽しむことができるようにすること。

身近なものと関わり感性が育つ
〔身近な環境に興味や好奇心をもって関わり、感じたことや考えたことを表現する力の基盤を培う。〕

1 ねらい
(1) 身の回りのものに親しみ、様々なものに興味や関心をもつ。
(2) 見る、触れる、探索するなど、身近な環境に自分から関わろうとする。
(3) 身体の諸感覚による認識が豊かになり、表情や手足、体の動き等で表現する。

2 内容
(1) 身近な生活用具、玩具や絵本などが用意された中で、身の回りのものに対する興味や好奇心をもつ。
(2) 生活や遊びの中で様々なものに触れ、音、形、色、手触りなどに気付き、感覚の働きを豊かにする。
(3) 保育教諭等と一緒に様々な色彩や形のものや絵本などを見る。
(4) 玩具や身の回りのものを、つまむ、つかむ、たたく、引っ張るなど、手や指を使って遊ぶ。
(5) 保育教諭等のあやし遊びに機嫌よく応じたり、歌やリズムに合わせて手足や体を動かして楽しんだりする。

3 内容の取扱い
　上記の取扱いに当たっては、次の事項に留意する必要がある。
(1) 玩具などは、音質、形、色、大きさなど園児の発達状態に応じて適切なものを選び、その時々の園児の興味や関心を踏まえるなど、遊びを通して感覚の発達が促されるものとなるように工夫すること。なお、安全な環境の下で、園児が探索意欲を満たして自由に遊べるよう、身の回りのものについては常に十分な点検を行うこと。
(2) 乳児期においては、表情、発声、体の動さなどで、感情を表現することが多いことから、これらの表現しようとする意欲を積極的に受け止めて、園児が様々な活動を楽しむことを通して表現が豊かになるようにすること。

第2　満1歳以上満3歳未満の園児の保育に関するねらい及び内容

基本的事項

1 この時期においては、歩き始めから、歩く、走る、跳ぶなどへと、基本的な運動機能が次第に発達し、排泄の自立のための身体的機能も整うようになる。つまむ、めくるなどの指先の機能も発達し、食事、衣類の着脱なども、保育教諭等の援助の下で自分で行うようになる。発声も明瞭になり、語彙も増加し、自分の意思や欲求を言葉で表出できるようになる。このように自分でできることが増えてくる時期であることから、保育教諭等は、園児の生活の安定を図りながら、自分でしようとする気持ちを尊重し、温かく見守るとともに、愛情豊かに、応答的に関わることが必要である。

2 本項においては、この時期の発達の特徴を踏まえ、保育のねらい及

び内容について、心身の健康に関する領域「健康」、人との関わりに関する領域「人間関係」、身近な環境との関わりに関する領域「環境」、言葉の獲得に関する領域「言葉」及び感性と表現に関する領域「表現」としてまとめ、示している。

ねらい及び内容
健康
〔健康な心と体を育て、自ら健康で安全な生活をつくり出す力を養う。〕
1 ねらい
(1) 明るく伸び伸びと生活し、自分から体を動かすことを楽しむ。
(2) 自分の体を十分に動かし、様々な動きをしようとする。
(3) 健康、安全な生活に必要な習慣に気付き、自分でしてみようとする気持ちが育つ。
2 内容
(1) 保育教諭等の愛情豊かな受容の下で、安定感をもって生活をする。
(2) 食事や午睡、遊びと休息など、幼保連携型認定こども園における生活のリズムが形成される。
(3) 走る、跳ぶ、登る、押す、引っ張るなど全身を使う遊びを楽しむ。
(4) 様々な食品や調理形態に慣れ、ゆったりとした雰囲気の中で食事や間食を楽しむ。
(5) 身の回りを清潔に保つ心地よさを感じ、その習慣が少しずつ身に付く。
(6) 保育教諭等の助けを借りながら、衣類の着脱を自分でしようとする。
(7) 便器での排泄に慣れ、自分で排泄ができるようになる。
3 内容の取扱い
　上記の取扱いに当たっては、次の事項に留意する必要がある。
(1) 心と体の健康は、相互に密接な関連があるものであることを踏まえ、園児の気持ちに配慮した温かい触れ合いの中で、心と体の発達を促すこと。特に、一人一人の発育に応じて、体を動かす機会を十分に確保し、自ら体を動かそうとする意欲が育つようにすること。
(2) 健康な心と体を育てるためには望ましい食習慣の形成が重要であることを踏まえ、ゆったりとした雰囲気の中で食べる喜びや楽しさを味わい、進んで食べようとする気持ちが育つようにすること。なお、食物アレルギーのある園児への対応については、学校医等の指示や協力の下に適切に対応すること。
(3) 排泄の習慣については、一人一人の排尿間隔等を踏まえ、おむつが汚れていないときに便器に座らせるなどにより、少しずつ慣れさせるようにすること。
(4) 食事、排泄、睡眠、衣類の着脱、身の回りを清潔にすることなど、生活に必要な基本的な習慣については、一人一人の状態に応じ、落ち着いた雰囲気の中で行うようにし、園児が自分でしようとする気持ちを尊重すること。また、基本的な生活習慣の形成に当たっては、家庭での生活経験に配慮し、家庭との適切な連携の下で行うようにすること。

人間関係
〔他の人々と親しみ、支え合って生活するために、自立心を育て、人と関わる力を養う。〕
1 ねらい
(1) 幼保連携型認定こども園での生活を楽しみ、身近な人と関わる心地よさを感じる。
(2) 周囲の園児等への興味・関心が高まり、関わりをもとうとする。
(3) 幼保連携型認定こども園の生活の仕方に慣れ、きまりの大切さに気付く。
2 内容
(1) 保育教諭等や周囲の園児等との安定した関係の中で、共に過ごす心地よさを感じる。
(2) 保育教諭等の受容的・応答的な関わりの中で、欲求を適切に満たし、安定感をもって過ごす。
(3) 身の回りに様々な人がいることに気付き、徐々に他の園児と関わりをもって遊ぶ。
(4) 保育教諭等の仲立ちにより、他の園児との関わり方を少しずつ身につける。
(5) 幼保連携型認定こども園の生活の仕方に慣れ、きまりがあることや、その大切さに気付く。
(6) 生活や遊びの中で、年長児や保育教諭等の真似をしたり、ごっこ遊びを楽しんだりする。
3 内容の取扱い
　上記の取扱いに当たっては、次の事項に留意する必要がある。
(1) 保育教諭等との信頼関係に支えられて生活を確立するとともに、自分で何かをしようとする気持ちが旺盛になる時期であることに鑑み、そのような園児の気持ちを尊重し、温かく見守るとともに、愛情豊かに、応答的に関わり、適切な援助を行うようにすること。
(2) 思い通りにいかない場合等の園児の不安定な感情の表出については、保育教諭等が受容的に受け止めるとともに、そうした気持ちから立ち直る経験や感情をコントロールすることへの気付き等につなげていけるように援助すること。
(3) この時期は自己と他者との違いの認識がまだ十分ではないことから、園児の自我の育ちを見守るとともに、保育教諭等が仲立ちとなって、自分の気持ちを相手に伝えることや相手の気持ちに気付くことの大切さなど、友達の気持ちや友達との関わり方を丁寧に伝えていくこと。

環境
〔周囲の様々な環境に好奇心や探究心をもって関わり、それらを生活に取り入れていこうとする力を養う。〕
1 ねらい
(1) 身近な環境に親しみ、触れ合う中で、様々なものに興味や関心をもつ。
(2) 様々なものに関わる中で、発見を楽しんだり、考えたりしようとする。
(3) 見る、聞く、触るなどの経験を通して、感覚の働きを豊かにする。
2 内容
(1) 安全で活動しやすい環境での探索活動等を通して、見る、聞く、触れる、嗅ぐ、味わうなどの感覚の働きを豊かにする。

(2) 玩具、絵本、遊具などに興味をもち、それらを使った遊びを楽しむ。
(3) 身の回りの物に触れる中で、形、色、大きさ、量などの物の性質や仕組みに気付く。
(4) 自分の物と人の物の区別や、場所的感覚など、環境を捉える感覚が育つ。
(5) 身近な生き物に気付き、親しみをもつ。
(6) 近隣の生活や季節の行事などに興味や関心をもつ。

3 内容の取扱い
　上記の取扱いに当たっては、次の事項に留意する必要がある。
(1) 玩具などは、音質、形、色、大きさなど園児の発達状態に応じて適切なものを選び、遊びを通して感覚の発達が促されるように工夫すること。
(2) 身近な生き物との関わりについては、園児が命を感じ、生命の尊さに気付く経験へとつながるものであることから、そうした気付きを促すような関わりとなるようにすること。
(3) 地域の生活や季節の行事などに触れる際には、社会とのつながりや地域社会の文化への気付きにつながるものとなることが望ましいこと。その際、幼保連携型認定こども園内外の行事や地域の人々との触れ合いなどを通して行うこと等も考慮すること。

言葉
〔経験したことや考えたことなどを自分なりの言葉で表現し、相手の話す言葉を聞こうとする意欲や態度を育て、言葉に対する感覚や言葉で表現する力を養う。〕

1 ねらい
(1) 言葉遊びや言葉で表現する楽しさを感じる。
(2) 人の言葉や話などを聞き、自分でも思ったことを伝えようとする。
(3) 絵本や物語等に親しむとともに、言葉のやり取りを通じて身近な人と気持ちを通わせる。

2 内容
(1) 保育教諭等の応答的な関わりや話し掛けにより、自ら言葉を使おうとする。
(2) 生活に必要な簡単な言葉に気付き、聞き分ける。
(3) 親しみをもって日常の挨拶に応じる。
(4) 絵本や紙芝居を楽しみ、簡単な言葉を繰り返したり、模倣をしたりして遊ぶ。
(5) 保育教諭等とごっこ遊びをする中で、言葉のやり取りを楽しむ。
(6) 保育教諭等を仲立ちとして、生活や遊びの中で友達との言葉のやり取りを楽しむ。
(7) 保育教諭等や友達の言葉や話に興味や関心をもって、聞いたり、話したりする。

3 内容の取扱い
　上記の取扱いに当たっては、次の事項に留意する必要がある。
(1) 身近な人に親しみをもって接し、自分の感情などを伝え、それに相手が応答し、その言葉を聞くことを通して、次第に言葉が獲得されていくものであることを考慮して、楽しい雰囲気の中で保育教諭等との言葉のやり

取りができるようにすること。
(2) 園児が自分の思いを言葉で伝えるとともに、他の園児の話などを聞くことを通して、次第に話を理解し、言葉による伝え合いができるようになるよう、気持ちや経験等の言語化を行うことを援助するなど、園児同士の関わりの仲立ちを行うようにすること。
(3) この時期は、片言から、二語文、ごっこ遊びでのやり取りができる程度へと、大きく言葉の習得が進む時期であることから、それぞれの園児の発達の状況に応じて、遊びや関わりの工夫など、保育の内容を適切に展開することが必要であること。

表現
〔感じたことや考えたことを自分なりに表現することを通して、豊かな感性や表現する力を養い、創造性を豊かにする。〕
1 ねらい
(1) 身体の諸感覚の経験を豊かにし、様々な感覚を味わう。
(2) 感じたことや考えたことなどを自分なりに表現しようとする。
(3) 生活や遊びの様々な体験を通して、イメージや感性が豊かになる。
2 内容
(1) 水、砂、土、紙、粘土など様々な素材に触れて楽しむ。
(2) 音楽、リズムやそれに合わせた体の動きを楽しむ。
(3) 生活の中で様々な音、形、色、手触り、動き、味、香りなどに気付いたり、感じたりして楽しむ。

(4) 歌を歌ったり、簡単な手遊びや全身を使う遊びを楽しんだりする。
(5) 保育教諭等からの話や、生活や遊びの中での出来事を通して、イメージを豊かにする。
(6) 生活や遊びの中で、興味のあることや経験したことなどを自分なりに表現する。
3 内容の取扱い
上記の取扱いに当たっては、次の事項に留意する必要がある。
(1) 園児の表現は、遊びや生活の様々な場面で表出されているものであることから、それらを積極的に受け止め、様々な表現の仕方や感性を豊かにする経験となるようにすること。
(2) 園児が試行錯誤しながら様々な表現を楽しむことや、自分の力でやり遂げる充実感などに気付くよう、温かく見守るとともに、適切に援助を行うようにすること。
(3) 様々な感情の表現等を通じて、園児が自分の感情や気持ちに気付くようになる時期であることに鑑み、受容的な関わりの中で自信をもって表現をすることや、諦めずに続けた後の達成感等を感じられるような経験が蓄積されるようにすること。
(4) 身近な自然や身の回りの事物に関わる中で、発見や心が動く経験が得られるよう、諸感覚を働かせることを楽しむ遊びや素材を用意するなど保育の環境を整えること。

第3 満3歳以上の園児の教育及び保育に関するねらい及び内容

基本的事項

1 この時期においては、運動機能の発達により、基本的な動作が一通りできるようになるとともに、基本的な生活習慣もほぼ自立できるようになる。理解する語彙数が急激に増加し、知的興味や関心も高まってくる。仲間と遊び、仲間の中の一人という自覚が生じ、集団的な遊びや協同的な活動も見られるようになる。これらの発達の特徴を踏まえて、この時期の教育及び保育においては、個の成長と集団としての活動の充実が図られるようにしなければならない。

2 本項においては、この時期の発達の特徴を踏まえ、教育及び保育のねらい及び内容について、心身の健康に関する領域「健康」、人との関わりに関する領域「人間関係」、身近な環境との関わりに関する領域「環境」、言葉の獲得に関する領域「言葉」及び感性と表現に関する領域「表現」としてまとめ、示している。

ねらい及び内容

健康

〔健康な心と体を育て、自ら健康で安全な生活をつくり出す力を養う。〕

1 ねらい
(1) 明るく伸び伸びと行動し、充実感を味わう。
(2) 自分の体を十分に動かし、進んで運動しようとする。
(3) 健康、安全な生活に必要な習慣や態度を身に付け、見通しをもって行動する。

2 内容
(1) 保育教諭等や友達と触れ合い、安定感をもって行動する。
(2) いろいろな遊びの中で十分に体を動かす。
(3) 進んで戸外で遊ぶ。
(4) 様々な活動に親しみ、楽しんで取り組む。
(5) 保育教諭等や友達と食べることを楽しみ、食べ物への興味や関心をもつ。
(6) 健康な生活のリズムを身に付ける。
(7) 身の回りを清潔にし、衣服の着脱、食事、排泄などの生活に必要な活動を自分でする。
(8) 幼保連携型認定こども園における生活の仕方を知り、自分たちで生活の場を整えながら見通しをもって行動する。
(9) 自分の健康に関心をもち、病気の予防などに必要な活動を進んで行う。
(10) 危険な場所、危険な遊び方、災害時などの行動の仕方が分かり、安全に気を付けて行動する。

3 内容の取扱い
　上記の取扱いに当たっては、次の事項に留意する必要がある。
(1) 心と体の健康は、相互に密接な関連があるものであることを踏まえ、園児が保育教諭等や他の園児との温かい触れ合いの中で自己の存在感や充実感を味わうことなどを基盤として、しなやかな心と体の発達を促すこと。特に、十分に体を動かす気持ちよさを体験し、自ら体を動かそうとする意欲が育つようにすること。

(2) 様々な遊びの中で、園児が興味や関心、能力に応じて全身を使って活動することにより、体を動かす楽しさを味わい、自分の体を大切にしようとする気持ちが育つようにすること。その際、多様な動きを経験する中で、体の動きを調整するようにすること。
(3) 自然の中で伸び伸びと体を動かして遊ぶことにより、体の諸機能の発達が促されることに留意し、園児の興味や関心が戸外にも向くようにすること。その際、園児の動線に配慮した園庭や遊具の配置などを工夫すること。
(4) 健康な心と体を育てるためには食育を通じた望ましい食習慣の形成が大切であることを踏まえ、園児の食生活の実情に配慮し、和やかな雰囲気の中で保育教諭等や他の園児と食べる喜びや楽しさを味わったり、様々な食べ物への興味や関心をもったりするなどし、食の大切さに気付き、進んで食べようとする気持ちが育つようにすること。
(5) 基本的な生活習慣の形成に当たっては、家庭での生活経験に配慮し、園児の自立心を育て、園児が他の園児と関わりながら主体的な活動を展開する中で、生活に必要な習慣を身に付け、次第に見通しをもって行動できるようにすること。
(6) 安全に関する指導に当たっては、情緒の安定を図り、遊びを通して安全についての構えを身に付け、危険な場所や事物などが分かり、安全についての理解を深めるようにすること。また、交通安全の習慣を身に付けるようにするとともに、避難訓練などを通して、災害などの緊急時に適切な行動がとれるようにすること。

人間関係
〔他の人々と親しみ、支え合って生活するために、自立心を育て、人と関わる力を養う。〕
1 ねらい
(1) 幼保連携型認定こども園の生活を楽しみ、自分の力で行動することの充実感を味わう。
(2) 身近な人と親しみ、関わりを深め、工夫したり、協力したりして一緒に活動する楽しさを味わい、愛情や信頼感をもつ。
(3) 社会生活における望ましい習慣や態度を身に付ける。
2 内容
(1) 保育教諭等や友達と共に過ごすことの喜びを味わう。
(2) 自分で考え、自分で行動する。
(3) 自分でできることは自分でする。
(4) いろいろな遊びを楽しみながら物事をやり遂げようとする気持ちをもつ。
(5) 友達と積極的に関わりながら喜びや悲しみを共感し合う。
(6) 自分の思ったことを相手に伝え、相手の思っていることに気付く。
(7) 友達のよさに気付き、一緒に活動する楽しさを味わう。
(8) 友達と楽しく活動する中で、共通の目的を見いだし、工夫したり、協力したりなどする。
(9) よいことや悪いことがあること

に気付き、考えながら行動する。
(10) 友達との関わりを深め、思いやりをもつ。
(11) 友達と楽しく生活する中できまりの大切さに気付き、守ろうとする。
(12) 共同の遊具や用具を大切にし、皆で使う。
(13) 高齢者をはじめ地域の人々などの自分の生活に関係の深いいろいろな人に親しみをもつ。

3　内容の取扱い

上記の取扱いに当たっては、次の事項に留意する必要がある。

(1) 保育教諭等との信頼関係に支えられて自分自身の生活を確立していくことが人と関わる基盤となることを考慮し、園児が自ら周囲に働き掛けることにより多様な感情を体験し、試行錯誤しながら諦めずにやり遂げることの達成感や、前向きな見通しをもって自分の力で行うことの充実感を味わうことができるよう、園児の行動を見守りながら適切な援助を行うようにすること。

(2) 一人一人を生かした集団を形成しながら人と関わる力を育てていくようにすること。その際、集団の生活の中で、園児が自己を発揮し、保育教諭等や他の園児に認められる体験をし、自分のよさや特徴に気付き、自信をもって行動できるようにすること。

(3) 園児が互いに関わりを深め、協同して遊ぶようになるため、自ら行動する力を育てるようにするとともに、他の園児と試行錯誤しながら活動を展開する楽しさや共通の目的が実現する喜びを味わうことができるようにすること。

(4) 道徳性の芽生えを培うに当たっては、基本的な生活習慣の形成を図るとともに、園児が他の園児との関わりの中で他人の存在に気付き、相手を尊重する気持ちをもって行動できるようにし、また、自然や身近な動植物に親しむことなどを通して豊かな心情が育つようにすること。特に、人に対する信頼感や思いやりの気持ちは、葛藤やつまずきをも体験し、それらを乗り越えることにより次第に芽生えてくることに配慮すること。

(5) 集団の生活を通して、園児が人との関わりを深め、規範意識の芽生えが培われることを考慮し、園児が保育教諭等との信頼関係に支えられて自己を発揮する中で、互いに思いを主張し、折り合いを付ける体験をし、きまりの必要性などに気付き、自分の気持ちを調整する力が育つようにすること。

(6) 高齢者をはじめ地域の人々などの自分の生活に関係の深いいろいろな人と触れ合い、自分の感情や意志を表現しながら共に楽しみ、共感し合う体験を通して、これらの人々などに親しみをもち、人と関わることの楽しさや人の役に立つ喜びを味わうことができるようにすること。また、生活を通して親や祖父母などの家族の愛情に気付き、家族を大切にしようとする気持ちが育つ

ようにすること。
環境
〔周囲の様々な環境に好奇心や探究心をもって関わり、それらを生活に取り入れていこうとする力を養う。〕
1　ねらい
(1)　身近な環境に親しみ、自然と触れ合う中で様々な事象に興味や関心をもつ。
(2)　身近な環境に自分から関わり、発見を楽しんだり、考えたりし、それを生活に取り入れようとする。
(3)　身近な事象を見たり、考えたり、扱ったりする中で、物の性質や数量、文字などに対する感覚を豊かにする。
2　内容
(1)　自然に触れて生活し、その大きさ、美しさ、不思議さなどに気付く。
(2)　生活の中で、様々な物に触れ、その性質や仕組みに興味や関心をもつ。
(3)　季節により自然や人間の生活に変化のあることに気付く。
(4)　自然などの身近な事象に関心をもち、取り入れて遊ぶ。
(5)　身近な動植物に親しみをもって接し、生命の尊さに気付き、いたわったり、大切にしたりする。
(6)　日常生活の中で、我が国や地域社会における様々な文化や伝統に親しむ。
(7)　身近な物を大切にする。
(8)　身近な物や遊具に興味をもって関わり、自分なりに比べたり、関連付けたりしながら考えたり、試したりして工夫して遊ぶ。
(9)　日常生活の中で数量や図形などに関心をもつ。
(10)　日常生活の中で簡単な標識や文字などに関心をもつ。
(11)　生活に関係の深い情報や施設などに興味や関心をもつ。
(12)　幼保連携型認定こども園内外の行事において国旗に親しむ。
3　内容の取扱い
　　上記の取扱いに当たっては、次の事項に留意する必要がある。
(1)　園児が、遊びの中で周囲の環境と関わり、次第に周囲の世界に好奇心を抱き、その意味や操作の仕方に関心をもち、物事の法則性に気付き、自分なりに考えることができるようになる過程を大切にすること。また、他の園児の考えなどに触れて新しい考えを生み出す喜びや楽しさを味わい、自分の考えをよりよいものにしようとする気持ちが育つようにすること。
(2)　幼児期において自然のもつ意味は大きく、自然の大きさ、美しさ、不思議さなどに直接触れる体験を通して、園児の心が安らぎ、豊かな感情、好奇心、思考力、表現力の基礎が培われることを踏まえ、園児が自然との関わりを深めることができるよう工夫すること。
(3)　身近な事象や動植物に対する感動を伝え合い、共感し合うことなどを通して自分から関わろうとする意欲を育てるとともに、様々な関わり方を通してそれらに対する親しみや畏敬の念、生命を大切にする気持ち、公共心、探究心などが養われるようにす

ること。
(4) 文化や伝統に親しむ際には、正月や節句など我が国の伝統的な行事、国歌、唱歌、わらべうたや我が国の伝統的な遊びに親しんだり、異なる文化に触れる活動に親しんだりすることを通じて、社会とのつながりの意識や国際理解の意識の芽生えなどが養われるようにすること。
(5) 数量や文字などに関しては、日常生活の中で園児自身の必要感に基づく体験を大切にし、数量や文字などに関する興味や関心、感覚が養われるようにすること。

言葉

〔経験したことや考えたことなどを自分なりの言葉で表現し、相手の話す言葉を聞こうとする意欲や態度を育て、言葉に対する感覚や言葉で表現する力を養う。〕

1 ねらい
(1) 自分の気持ちを言葉で表現する楽しさを味わう。
(2) 人の言葉や話などをよく聞き、自分の経験したことや考えたことを話し、伝え合う喜びを味わう。
(3) 日常生活に必要な言葉が分かるようになるとともに、絵本や物語などに親しみ、言葉に対する感覚を豊かにし、保育教諭等や友達と心を通わせる。

2 内容
(1) 保育教諭等や友達の言葉や話に興味や関心をもち、親しみをもって聞いたり、話したりする。
(2) したり、見たり、聞いたり、感じたり、考えたりなどしたことを自分なりに言葉で表現する。
(3) したいこと、してほしいことを言葉で表現したり、分からないことを尋ねたりする。
(4) 人の話を注意して聞き、相手に分かるように話す。
(5) 生活の中で必要な言葉が分かり、使う。
(6) 親しみをもって日常の挨拶をする。
(7) 生活の中で言葉の楽しさや美しさに気付く。
(8) いろいろな体験を通じてイメージや言葉を豊かにする。
(9) 絵本や物語などに親しみ、興味をもって聞き、想像をする楽しさを味わう。
(10) 日常生活の中で、文字などで伝える楽しさを味わう。

3 内容の取扱い
上記の取扱いに当たっては、次の事項に留意する必要がある。
(1) 言葉は、身近な人に親しみをもって接し、自分の感情や意志などを伝え、それに相手が応答し、その言葉を聞くことを通して次第に獲得されていくものであることを考慮して、園児が保育教諭等や他の園児と関わることにより心を動かされるような体験をし、言葉を交わす喜びを味わえるようにすること。
(2) 園児が自分の思いを言葉で伝えるとともに、保育教諭等や他の園児などの話を興味をもって注意して聞くことを通して次第に話を理解するようになっていき、言葉による伝え合いができるようにすること。
(3) 絵本や物語などで、その内容と

自分の経験とを結び付けたり、想像を巡らせたりするなど、楽しみを十分に味わうことによって、次第に豊かなイメージをもち、言葉に対する感覚が養われるようにすること。
(4) 園児が生活の中で、言葉の響きやリズム、新しい言葉や表現などに触れ、これらを使う楽しさを味わえるようにすること。その際、絵本や物語に親しんだり、言葉遊びなどをしたりすることを通して、言葉が豊かになるようにすること。
(5) 園児が日常生活の中で、文字などを使いながら思ったことや考えたことを伝える喜びや楽しさを味わい、文字に対する興味や関心をもつようにすること。

表現
〔感じたことや考えたことを自分なりに表現することを通して、豊かな感性や表現する力を養い、創造性を豊かにする。〕
1 ねらい
(1) いろいろなものの美しさなどに対する豊かな感性をもつ。
(2) 感じたことや考えたことを自分なりに表現して楽しむ。
(3) 生活の中でイメージを豊かにし、様々な表現を楽しむ。
2 内容
(1) 生活の中で様々な音、形、色、手触り、動きなどに気付いたり、感じたりするなどして楽しむ。
(2) 生活の中で美しいものや心を動かす出来事に触れ、イメージを豊かにする。
(3) 様々な出来事の中で、感動したことを伝え合う楽しさを味わう。
(4) 感じたこと、考えたことなどを音や動きなどで表現したり、自由にかいたり、つくったりなどする。
(5) いろいろな素材に親しみ、工夫して遊ぶ。
(6) 音楽に親しみ、歌を歌ったり、簡単なリズム楽器を使ったりなどする楽しさを味わう。
(7) かいたり、つくったりすることを楽しみ、遊びに使ったり、飾ったりなどする。
(8) 自分のイメージを動きや言葉などで表現したり、演じて遊んだりするなどの楽しさを味わう。
3 内容の取扱い
上記の取扱いに当たっては、次の事項に留意する必要がある。
(1) 豊かな感性は、身近な環境と十分に関わる中で美しいもの、優れたもの、心を動かす出来事などに出会い、そこから得た感動を他の園児や保育教諭等と共有し、様々に表現することなどを通して養われるようにすること。その際、風の音や雨の音、身近にある草や花の形や色など自然の中にある音、形、色などに気付くようにすること。
(2) 幼児期の自己表現は素朴な形で行われることが多いので、保育教諭等はそのような表現を受容し、園児自身の表現しようとする意欲を受け止めて、園児が生活の中で園児らしい様々な表現を楽しむことができるようにすること。
(3) 生活経験や発達に応じ、自ら様々な表現を楽しみ、表現する

意欲を十分に発揮させることができるように、遊具や用具などを整えたり、様々な素材や表現の仕方に親しんだり、他の園児の表現に触れられるよう配慮したりし、表現する過程を大切にして自己表現を楽しめるように工夫すること。

第4 教育及び保育の実施に関する配慮事項

1 満3歳未満の園児の保育の実施については、以下の事項に配慮するものとする。
(1) 乳児は疾病への抵抗力が弱く、心身の機能の未熟さに伴う疾病の発生が多いことから、一人一人の発育及び発達状態や健康状態についての適切な判断に基づく保健的な対応を行うこと。また、一人一人の園児の生育歴の違いに留意しつつ、欲求を適切に満たし、特定の保育教諭等が応答的に関わるように努めること。更に、乳児期の園児の保育に関わる職員間の連携や学校医との連携を図り、第3章に示す事項を踏まえ、適切に対応すること。栄養士及び看護師等が配置されている場合は、その専門性を生かした対応を図ること。乳児期の園児の保育においては特に、保護者との信頼関係を築きながら保育を進めるとともに、保護者からの相談に応じ支援に努めていくこと。なお、担当の保育教諭等が替わる場合には、園児のそれまでの生育歴や発達の過程に留意し、職員間で協力して対応すること。

(2) 満1歳以上満3歳未満の園児は、特に感染症にかかりやすい時期であるので、体の状態、機嫌、食欲などの日常の状態の観察を十分に行うとともに、適切な判断に基づく保健的な対応を心掛けること。また、探索活動が十分できるように、事故防止に努めながら活動しやすい環境を整え、全身を使う遊びなど様々な遊びを取り入れること。更に、自我が形成され、園児が自分の感情や気持ちに気付くようになる重要な時期であることに鑑み、情緒の安定を図りながら、園児の自発的な活動を尊重するとともに促していくこと。なお、担当の保育教諭等が替わる場合には、園児のそれまでの経験や発達の過程に留意し、職員間で協力して対応すること。

2 幼保連携型認定こども園における教育及び保育の全般において以下の事項に配慮するものとする。
(1) 園児の心身の発達及び活動の実態などの個人差を踏まえるとともに、一人一人の園児の気持ちを受け止め、援助すること。
(2) 園児の健康は、生理的・身体的な育ちとともに、自主性や社会性、豊かな感性の育ちとがあいまってもたらされることに留意すること。
(3) 園児が自ら周囲に働き掛け、試行錯誤しつつ自分の力で行う活動を見守りながら、適切に援助すること。
(4) 園児の入園時の教育及び保育に当たっては、できるだけ個別的に対応し、園児が安定感を得て、

次第に幼保連携型認定こども園の生活になじんでいくようにするとともに、既に入園している園児に不安や動揺を与えないようにすること。
(5) 園児の国籍や文化の違いを認め、互いに尊重する心を育てるようにすること。
(6) 園児の性差や個人差にも留意しつつ、性別などによる固定的な意識を植え付けることがないようにすること。

第3章　健康及び安全

　幼保連携型認定こども園における園児の健康及び安全は、園児の生命の保持と健やかな生活の基本となるものであり、第1章及び第2章の関連する事項と併せ、次に示す事項について適切に対応するものとする。その際、養護教諭や看護師、栄養教諭や栄養士等が配置されている場合には、学校医等と共に、これらの者がそれぞれの専門性を生かしながら、全職員が相互に連携し、組織的かつ適切な対応を行うことができるような体制整備や研修を行うことが必要である。

第1　健康支援

1　健康状態や発育及び発達の状態の把握
(1) 園児の心身の状態に応じた教育及び保育を行うために、園児の健康状態や発育及び発達の状態について、定期的・継続的に、また、必要に応じて随時、把握すること。
(2) 保護者からの情報とともに、登園時及び在園時に園児の状態を観察し、何らかの疾病が疑われる状態や傷害が認められた場合には、保護者に連絡するとともに、学校医と相談するなど適切な対応を図ること。
(3) 園児の心身の状態等を観察し、不適切な養育の兆候が見られる場合には、市町村（特別区を含む。以下同じ。）や関係機関と連携し、児童福祉法第25条に基づき、適切な対応を図ること。また、虐待が疑われる場合には、速やかに市町村又は児童相談所に通告し、適切な対応を図ること。

2　健康増進
(1) 認定こども園法第27条において準用する学校保健安全法（昭和33年法律第56号）第5条の学校保健計画を作成する際は、教育及び保育の内容並びに子育ての支援等に関する全体的な計画に位置づくものとし、全ての職員がそのねらいや内容を踏まえ、園児一人一人の健康の保持及び増進に努めていくこと。
(2) 認定こども園法第27条において準用する学校保健安全法第13条第1項の健康診断を行ったときは、認定こども園法第27条において準用する学校保健安全法第14条の措置を行い、教育及び保育に活用するとともに、保護者が園児の状態を理解し、日常生活に活用できるようにすること。

3　疾病等への対応
(1) 在園時に体調不良や傷害が発生

した場合には、その園児の状態等に応じて、保護者に連絡するとともに、適宜、学校医やかかりつけ医等と相談し、適切な処置を行うこと。
(2) 感染症やその他の疾病の発生予防に努め、その発生や疑いがある場合には必要に応じて学校医、市町村、保健所等に連絡し、その指示に従うとともに、保護者や全ての職員に連絡し、予防等について協力を求めること。また、感染症に関する幼保連携型認定こども園の対応方法等について、あらかじめ関係機関の協力を得ておくこと。
(3) アレルギー疾患を有する園児に関しては、保護者と連携し、医師の診断及び指示に基づき、適切な対応を行うこと。また、食物アレルギーに関して、関係機関と連携して、当該幼保連携型認定こども園の体制構築など、安全な環境の整備を行うこと。
(4) 園児の疾病等の事態に備え、保健室の環境を整え、救急用の薬品、材料等を適切な管理の下に常備し、全ての職員が対応できるようにしておくこと。

第2　食育の推進

1　幼保連携型認定こども園における食育は、健康な生活の基本としての食を営む力の育成に向け、その基礎を培うことを目標とすること。
2　園児が生活と遊びの中で、意欲をもって食に関わる体験を積み重ね、食べることを楽しみ、食事を楽しみ合う園児に成長していくことを期待するものであること。
3　乳幼児期にふさわしい食生活が展開され、適切な援助が行われるよう、教育及び保育の内容並びに子育ての支援等に関する全体的な計画に基づき、食事の提供を含む食育の計画を作成し、指導計画に位置付けるとともに、その評価及び改善に努めること。
4　園児が自らの感覚や体験を通して、自然の恵みとしての食材や食の循環・環境への意識、調理する人への感謝の気持ちが育つように、園児と調理員等との関わりや、調理室など食に関する環境に配慮すること。
5　保護者や地域の多様な関係者との連携及び協働の下で、食に関する取組が進められること。また、市町村の支援の下に、地域の関係機関等との日常的な連携を図り、必要な協力が得られるよう努めること。
6　体調不良、食物アレルギー、障害のある園児など、園児一人一人の心身の状態等に応じ、学校医、かかりつけ医等の指示や協力の下に適切に対応すること。

第3　環境及び衛生管理並びに安全管理

1　環境及び衛生管理
(1) 認定こども園法第27条において準用する学校保健安全法第6条の学校環境衛生基準に基づき幼保連携型認定こども園の適切な環境の維持に努めるとともに、施設内外の設備、用具等の衛生管理に努めること。
(2) 認定こども園法第27条において

準用する学校保健安全法第6条の学校環境衛生基準に基づき幼保連携型認定こども園の施設内外の適切な環境の維持に努めるとともに、園児及び全職員が清潔を保つようにすること。また、職員は衛生知識の向上に努めること。

2 事故防止及び安全対策
(1) 在園時の事故防止のために、園児の心身の状態等を踏まえつつ、認定こども園法第27条において準用する学校保健安全法第27条の学校安全計画の策定等を通じ、全職員の共通理解や体制づくりを図るとともに、家庭や地域の関係機関の協力の下に安全指導を行うこと。
(2) 事故防止の取組を行う際には、特に、睡眠中、プール活動・水遊び中、食事中等の場面では重大事故が発生しやすいことを踏まえ、園児の主体的な活動を大切にしつつ、施設内外の環境の配慮や指導の工夫を行うなど、必要な対策を講じること。
(3) 認定こども園法第27条において準用する学校保健安全法第29条の危険等発生時対処要領に基づき、事故の発生に備えるとともに施設内外の危険箇所の点検や訓練を実施すること。また、外部からの不審者等の侵入防止のための措置や訓練など不測の事態に備え必要な対応を行うこと。更に、園児の精神保健面における対応に留意すること。

第4　災害への備え

1 施設・設備等の安全確保
(1) 認定こども園法第27条において準用する学校保健安全法第29条の危険等発生時対処要領に基づき、災害等の発生に備えるとともに、防火設備、避難経路等の安全性が確保されるよう、定期的にこれらの安全点検を行うこと。
(2) 備品、遊具等の配置、保管を適切に行い、日頃から、安全環境の整備に努めること。

2 災害発生時の対応体制及び避難への備え
(1) 火災や地震などの災害の発生に備え、認定こども園法第27条において準用する学校保健安全法第29条の危険等発生時対処要領を作成する際には、緊急時の対応の具体的内容及び手順、職員の役割分担、避難訓練計画等の事項を盛り込むこと。
(2) 定期的に避難訓練を実施するなど、必要な対応を図ること。
(3) 災害の発生時に、保護者等への連絡及び子どもの引渡しを円滑に行うため、日頃から保護者との密接な連携に努め、連絡体制や引渡し方法等について確認をしておくこと。

3 地域の関係機関等との連携
(1) 市町村の支援の下に、地域の関係機関との日常的な連携を図り、必要な協力が得られるよう努めること。
(2) 避難訓練については、地域の関係機関や保護者との連携の下に行うなど工夫すること。

第4章　子育ての支援

　幼保連携型認定こども園における保護者に対する子育ての支援は、子どもの利益を最優先して行うものとし、第1章及び第2章等の関連する事項を踏まえ、子どもの育ちを家庭と連携して支援していくとともに、保護者及び地域が有する子育てを自ら実践する力の向上に資するよう、次の事項に留意するものとする。

第1　子育ての支援全般に関わる事項

1. 保護者に対する子育ての支援を行う際には、各地域や家庭の実態等を踏まえるとともに、保護者の気持ちを受け止め、相互の信頼関係を基本に、保護者の自己決定を尊重すること。
2. 教育及び保育並びに子育ての支援に関する知識や技術など、保育教諭等の専門性や、園が常に存在する環境など、幼保連携型認定こども園の特性を生かし、保護者が子どもの成長に気付き子育ての喜びを感じられるように努めること。
3. 保護者に対する子育ての支援における地域の関係機関等との連携及び協働を図り、園全体の体制構築に努めること。
4. 子どもの利益に反しない限りにおいて、保護者や子どものプライバシーを保護し、知り得た事柄の秘密を保持すること。

第2　幼保連携型認定こども園の園児の保護者に対する子育ての支援

1. 日常の様々な機会を活用し、園児の日々の様子の伝達や収集、教育及び保育の意図の説明などを通じて、保護者との相互理解を図るよう努めること。
2. 教育及び保育の活動に対する保護者の積極的な参加は、保護者の子育てを自ら実践する力の向上に寄与するだけでなく、地域社会における家庭や住民の子育てを自ら実践する力の向上及び子育ての経験の継承につながるきっかけとなる。これらのことから、保護者の参加を促すとともに、参加しやすいよう工夫すること。
3. 保護者の生活形態が異なることを踏まえ、全ての保護者の相互理解が深まるように配慮すること。その際、保護者同士が子育てに対する新たな考えに出会い気付き合えるよう工夫すること。
4. 保護者の就労と子育ての両立等を支援するため、保護者の多様化した教育及び保育の需要に応じて病児保育事業など多様な事業を実施する場合には、保護者の状況に配慮するとともに、園児の福祉が尊重されるよう努め、園児の生活の連続性を考慮すること。
5. 地域の実態や保護者の要請により、教育を行う標準的な時間の終了後等に希望する園児を対象に一時預かり事業などとして行う活動については、保育教諭間及び家庭との連携を密にし、園児の心身の負担に配慮すること。その際、地域の実態や保護者の事情とともに園児の生活のリズムを踏まえつつ、必要に応じて、弾力的な運用を行うこと。

6 園児に障害や発達上の課題が見られる場合には、市町村や関係機関と連携及び協力を図りつつ、保護者に対する個別の支援を行うよう努めること。
7 外国籍家庭など、特別な配慮を必要とする家庭の場合には、状況等に応じて個別の支援を行うよう努めること。
8 保護者に育児不安等が見られる場合には、保護者の希望に応じて個別の支援を行うよう努めること。
9 保護者に不適切な養育等が疑われる場合には、市町村や関係機関と連携し、要保護児童対策地域協議会で検討するなど適切な対応を図ること。また、虐待が疑われる場合には、速やかに市町村又は児童相談所に通告し、適切な対応を図ること。

第3 地域における子育て家庭の保護者等に対する支援

1 幼保連携型認定こども園において、認定こども園法第2条第12項に規定する子育て支援事業を実施する際には、当該幼保連携型認定こども園がもつ地域性や専門性などを十分に考慮して当該地域において必要と認められるものを適切に実施すること。また、地域の子どもに対する一時預かり事業などの活動を行う際には、一人一人の子どもの心身の状態などを考慮するとともに、教育及び保育との関連に配慮するなど、柔軟に活動を展開できるようにすること。
2 市町村の支援を得て、地域の関係機関等との積極的な連携及び協働を図るとともに、子育ての支援に関する地域の人材の積極的な活用を図るよう努めること。また、地域の要保護児童への対応など、地域の子どもを巡る諸課題に対し、要保護児童対策地域協議会など関係機関等と連携及び協力して取り組むよう努めること。
3 幼保連携型認定こども園は、地域の子どもが健やかに育成される環境を提供し、保護者に対する総合的な子育ての支援を推進するため、地域における乳幼児期の教育及び保育の中心的な役割を果たすよう努めること。

社会福祉士の倫理綱領

2005年6月3日制定

前文

われわれ社会福祉士は、すべての人が人間としての尊厳を有し、価値ある存在であり、平等であることを深く認識する。われわれは平和を擁護し、人権と社会正義の原理に則り、サービス利用者本位の質の高い福祉サービスの開発と提供に努めることによって、社会福祉の推進とサービス利用者の自己実現をめざす専門職であることを言明する。

われわれは、社会の進展に伴う社会変動が、ともすれば環境破壊及び人間疎外をもたらすことに着目する時、この専門職がこれからの福祉社会にとって不可欠の制度であることを自覚するとともに、専門職社会福祉士の職責についての一般社会及び市民の理解を深め、その啓発に努める。

われわれは、われわれの加盟する国際ソーシャルワーカー連盟が採択した、次の「ソーシャルワークの定義」（2000年7月）を、ソーシャルワーク実践に適用され得るものとして認識し、その実践の拠り所とする。

ソーシャルワークの定義

ソーシャルワーク専門職は、人間の福利（ウェルビーイング）の増進を目指して、社会の変革を進め、人間関係における問題解決を図り、人々のエンパワーメントと解放を促していく。ソーシャルワークは、人間の行動と社会システムに関する理論を利用して、人びとがその環境と相互に影響し合う接点に介入する。人権と社会正義の原理は、ソーシャルワークの拠り所とする基盤である。
（IFSW；2000.7.）

われわれは、ソーシャルワークの知識、技術の専門性と倫理性の維持、向上が専門職の職責であるだけでなく、サービス利用者は勿論、社会全体の利益に密接に関連していることを認識し、本綱領を制定してこれを遵守することを誓約する者により、専門職団体を組織する。

価値と原則

1（人間の尊厳）

社会福祉士は、すべての人間を、出自、人種、性別、年齢、身体的精神的状況、宗教的文化的背景、社会的地位、経済状況等の違いにかかわらず、かけがえのない存在として尊重する。

2（社会正義）

社会福祉士は、差別、貧困、抑圧、排除、暴力、環境破壊などの無い、自由、平等、共生に基づく社会正義の実現を目指す。

3（貢献）

社会福祉士は、人間の尊厳の尊重と社会正義の実現に貢献する。

4（誠実）

社会福祉士は、本倫理綱領に対して常に誠実である。

5 (専門的力量)
　社会福祉士は、専門的力量を発揮し、その専門性を高める。

倫理基準

1）利用者に対する倫理責任

1．（利用者との関係）
　社会福祉士は、利用者との専門的援助関係を最も大切にし、それを自己の利益のために利用しない。

2．（利用者の利益の最優先）
　社会福祉士は、業務の遂行に際して、利用者の利益を最優先に考える。

3．（受　容）
　社会福祉士は、自らの先入観や偏見を排し、利用者をあるがままに受容する。

4．（説明責任）
　社会福祉士は、利用者に必要な情報を適切な方法・わかりやすい表現を用いて提供し、利用者の意思を確認する。

5．（利用者の自己決定の尊重）
　社会福祉士は、利用者の自己決定を尊重し、利用者がその権利を十分に理解し、活用していけるように援助する。

6．（利用者の意思決定能力への対応）
　社会福祉士は、意思決定能力の不十分な利用者に対して、常に最善の方法を用いて利益と権利を擁護する。

7．（プライバシーの尊重）
　社会福祉士は、利用者のプライバシーを最大限に尊重し、関係者から情報を得る場合、その利用者から同意を得る。

8．（秘密の保持）
　社会福祉士は、利用者や関係者から情報を得る場合、業務上必要な範囲にとどめ、その秘密を保持する。秘密の保持は、業務を退いた後も同様とする。

9．（記録の開示）
　社会福祉士は、利用者から記録の開示の要求があった場合、本人に記録を開示する。

10．（情報の共有）
　社会福祉士は、利用者の援助のために利用者に関する情報を関係機関・関係職員と共有する場合、その秘密を保持するよう最善の方策を用いる。

11．（性的差別、虐待の禁止）
　社会福祉士は、利用者に対して、性別、性的指向等の違いから派生する差別やセクシュアル・ハラスメント、虐待をしない。

12．（権利侵害の防止）
　社会福祉士は、利用者を擁護し、あらゆる権利侵害の発生を防止する。

2）実践現場における倫理責任

1．（最良の実践を行う責務）
　社会福祉士は、実践現場において、最良の業務を遂行するために、自らの専門的知識・技術を惜しみなく発揮する。

2．（他の専門職等との連携・協働）
　社会福祉士は、相互の専門性を尊重し、他の専門職等と連携・協働する。

3．（実践現場と綱領の遵守）
　社会福祉士は、実践現場との間で倫理上のジレンマが生じるような場合、実践現場が本綱領の原則を尊重し、その基本精神を遵守するよう働きかける。

4．（業務改善の推進）
　社会福祉士は、常に業務を点検し評価を行い、業務改善を推進する。

3）社会に対する倫理責任
1．（ソーシャル・インクルージョン）
　社会福祉士は、人々をあらゆる差別、貧困、抑圧、排除、暴力、環境破壊などから守り、包含的な社会を目指すよう努める。

2．（社会への働きかけ）
　社会福祉士は、社会に見られる不正義の改善と利用者の問題解決のため、利用者や他の専門職等と連帯し、効果的な方法により社会に働きかける。

3．（国際社会への働きかけ）
　社会福祉士は、人権と社会正義に関する国際的問題を解決するため、全世界のソーシャルワーカーと連帯し、国際社会に働きかける。

4）専門職としての倫理責任
1．（専門職の啓発）
　社会福祉士は、利用者・他の専門職・市民に専門職としての実践を伝え社会的信用を高める。

2．（信用失墜行為の禁止）
　社会福祉士は、その立場を利用した信用失墜行為を行わない。

3．（社会的信用の保持）
　社会福祉士は、他の社会福祉士が専門職業の社会的信用を損なうような場合、本人にその事実を知らせ、必要な対応を促す。

4．（専門職の擁護）
　社会福祉士は、不当な批判を受けることがあれば、専門職として連帯し、その立場を擁護する。

5．（専門性の向上）
　社会福祉士は、最良の実践を行うために、スーパービジョン、教育・研修に参加し、援助方法の改善と専門性の向上を図る。

6．（教育・訓練・管理における責務）
　社会福祉士は教育・訓練・管理に携わる場合、相手の人権を尊重し、専門職としてのよりよい成長を促す。

7．（調査・研究）
　社会福祉士は、すべての調査・研究過程で利用者の人権を尊重し、倫理性を確保する。

社会福祉士の行動規範

　この「社会福祉士の行動規範」は、「社会福祉士の倫理綱領」に基づき、社会福祉士が社会福祉実践において従うべき行動を示したものである。

1）利用者に対する倫理責任
1．利用者との関係
- 1-1. 社会福祉士は、利用者との専門的援助関係についてあらかじめ利用者に説明しなければならない。
- 1-2. 社会福祉士は、利用者と私的

な関係になってはならない。
- 1-3. 社会福祉士は、いかなる理由があっても利用者およびその関係者との性的接触・行動をしてはならない。
- 1-4. 社会福祉士は、自分の個人的・宗教的・政治的理由のため、または個人の利益のために、不当に専門的援助関係を利用してはならない。
- 1-5. 社会福祉士は、過去または現在の利用者に対して利益の相反する関係になることが避けられないときは、利用者を守る手段を講じ、それを利用者に明らかにしなければならない。
- 1-6. 社会福祉士は、利用者との専門的援助関係とともにパートナーシップを尊重しなければならない。

2．利用者の利益の最優先
- 2-1. 社会福祉士は、専門職の立場を私的なことに使用してはならない。
- 2-2. 社会福祉士は、利用者から専門職サービスの代償として、正規の報酬以外に物品や金銭を受けとってはならない。
- 2-3. 社会福祉士は、援助を継続できない何らかの理由がある場合、援助を継続できるように最大限の努力をしなければならない。

3．受　容
- 3-1. 社会福祉士は、利用者に暖かい関心を寄せ、利用者の立場を認め、利用者の情緒の安定を図らなければならない。
- 3-2. 社会福祉士は、利用者を非難し、審判することがあってはならない。
- 3-3. 社会福祉士は、利用者の意思表出をはげまし支えなければならない。

4．説明責任
- 4-1. 社会福祉士は、利用者の側に立ったサービスを行う立場にあることを伝えなければならない。
- 4-2. 社会福祉士は、専門職上の義務と利用者の権利を説明し明らかにした上で援助をしなければならない。
- 4-3. 社会福祉士は、利用者が必要な情報を十分に理解し、納得していることを確認しなければならない。

5．利用者の自己決定の尊重
- 5-1. 社会福祉士は、利用者が自分の目標を定めることを支援しなければならない。
- 5-2. 社会福祉士は、利用者が選択の幅を広げるために、十分な情報を提供しなければならない。
- 5-3. 社会福祉士は、利用者の自己決定が重大な危険を伴う場合、あらかじめその行動を制限することがあることを伝え、そのような制限をした場合には、その理由を説明しなければならない。

6．利用者の意思決定能力への対応
- 6-1. 社会福祉士は、利用者の意思決定能力の状態に応じ、利用者のアドボカシーに努め、エンパワメントを支援しなけれ

ばならない。

6-2. 社会福祉士は、自分の価値観や援助観を利用者に押しつけてはならない。

6-3. 社会福祉士は、常に自らの業務がパターナリズムに陥らないように、自己の点検に務めなければならない。

6-4. 社会福祉士は、利用者のエンパワメントに必要な社会資源を適切に活用しなければならない。

7．プライバシーの尊重

7-1. 社会福祉士は、利用者が自らのプライバシー権を自覚するように働きかけなければならない。

7-2. 社会福祉士は、利用者の個人情報を収集する場合、その都度利用者の了解を得なければならない。

7-3. 社会福祉士は、問題解決を支援する目的であっても、利用者が了解しない場合は、個人情報を使用してはならない。

8．秘密の保持

8-1. 社会福祉士は、業務の遂行にあたり、必要以上の情報収集をしてはならない。

8-2. 社会福祉士は、利用者の秘密に関して、敏感かつ慎重でなければならない。

8-3. 社会福祉士は、業務を離れた日常生活においても、利用者の秘密を保持しなければならない。

8-4. 社会福祉士は、記録の保持と廃棄について、利用者の秘密が漏れないように慎重に対応しなければならない。

9．記録の開示

9-1. 社会福祉士は、利用者の記録を開示する場合、かならず本人の了解を得なければならない。

9-2. 社会福祉士は、利用者の支援の目的のためにのみ、個人情報を使用しなければならない。

9-3. 社会福祉士は、利用者が記録の閲覧を希望した場合、特別な理由なくそれを拒んではならない。

10．情報の共有

10-1. 社会福祉士は、利用者の情報を電子媒体等により取り扱う場合、厳重な管理体制と最新のセキュリティに配慮しなければならない。

10-2. 社会福祉士は、利用者の個人情報の乱用・紛失その他あらゆる危険に対し、安全保護に関する措置を講じなければならない。

10-3. 社会福祉士は、電子情報通信等に関する原則やリスクなどの最新情報について学ばなければならない。

11．性的差別、虐待の禁止

11-1. 社会福祉士は、利用者に対して性的差別やセクシュアル・ハラスメント、虐待を行ってはならない。

11-2. 社会福祉士は、利用者に対して肉体的・精神的損害または苦痛を与えてはならない。

11-3. 社会福祉士は、利用者が暴力や性的搾取・虐待の対象となっている場合、すみやかに発見できるよう心掛けなければ

ならない。
11-4. 社会福祉士は、性的差別やセクシュアル・ハラスメント、虐待に対する正しい知識を得るよう学ばなければならない。

12．権利侵害の防止
12-1. 社会福祉士は、利用者の権利について十分に認識し、敏感かつ積極的に対応しなりればならない。
12-2. 社会福祉士は、利用者の権利侵害を防止する環境を整え、そのシステムの構築に努めなければならない。
12-3. 社会福祉士は、利用者の権利侵害の防止についての啓発活動を積極的に行わなければならない。

2）実践現場における倫理責任
1．最良の実践を行う責務
1-1. 社会福祉士は、専門職としての使命と職責の重要性を自覚し、常に専門知識を深め、理論と実務に精通するように努めなければならない。
1-2. 社会福祉士は、専門職としての自律性と責任性が完遂できるよう、自らの専門的力量の向上をはからなければならない。
1-3. 社会福祉士は、福祉を取り巻く分野の法律や制度等関連知識の集積に努め、その力量を発揮しなければならない。

2．他の専門職等との連携・協働
2-1. 社会福祉士は、所属する機関内部での意思疎通が円滑になされるように積極的に働きかけなければならない。
2-2. 社会福祉士は、他の専門職と連携し、所属する機関の機構やサービス提供の変更や開発について提案しなければならない。
2-3. 社会福祉士は、他機関の専門職と連携し協働するために、連絡・調整の役割を果たさなければならない。

3．実践現場と綱領の遵守
3-1. 社会福祉士は、社会福祉士の倫理綱領を実践現場が熟知するように働きかけなければならない。
3-2. 社会福祉士は、実践現場で倫理上のジレンマが生じた場合、倫理綱領に照らして公正性と一貫性をもってサービス提供を行うように努めなければならない。
3-3. 社会福祉士は、実践現場の方針・規則・手続き等、倫理綱領に反する実践を許してはならない。

4．業務改善の推進
4-1. 社会福祉士は、利用者の声に耳を傾け苦情の対応にあたり、業務の改善を通して再発防止に努めなければならない。
4-2. 社会福祉士は、実践現場が常に自己点検と評価を行い、他者からの評価を受けるように働きかけなければならない。

3）社会に対する倫理責任
1．ソーシャル・インクルージョン
1-1. 社会福祉士は、特に不利益な

立場にあり、抑圧されている利用者が、選択と決定の機会を行使できるように働きかけなければならない。
1-2. 社会福祉士は、利用者や住民が社会の政策・制度の形成に参加することを積極的に支援しなければならない。
1-3. 社会福祉士は、専門的な視点と方法により、利用者のニーズを社会全体と地域社会に伝達しなければならない。

2．社会への働きかけ
2-1. 社会福祉士は、利用者が望む福祉サービスを適切に受けられるように権利を擁護し、代弁活動を行わなければならない。
2-2. 社会福祉士は、社会福祉実践に及ぼす社会政策や福祉計画の影響を認識し、地域福祉の増進に積極的に参加しなければならない。
2-3. 社会福祉士は、社会における意思決定に際して、利用者の意思と参加が促進されるよう支えなければならない。
2-4. 社会福祉士は、公共の緊急事態に対して可能な限り専門職のサービスを提供できるよう、臨機応変な活動への貢献ができなければならない。

3．国際社会への働きかけ
3-1. 社会福祉士は、国際社会において、文化的社会的差異を尊重しなければならない。
3-2. 社会福祉士は、民族、人種、国籍、宗教、性別、障害等による差別と支配をなくすための国際的な活動をささえなければならない。
3-3. 社会福祉士は、国際社会情勢に関心をもち、精通するよう努めなければならない。

4）専門職としての倫理責任
1．専門職の啓発
1-1. 社会福祉士は、対外的に社会福祉士であることを名乗り、専門職としての自覚を高めなければならない。
1-2. 社会福祉士は、自己が獲得し保持している専門的力量を利用者・市民・他の専門職に知らせるように努めなければならない。
1-3. 社会福祉士は、個人としてだけでなく専門職集団としても、責任ある行動をとり、その専門職の啓発を高めなければならない。

2．信用失墜行為の禁止
2-1. 社会福祉士は、社会福祉士としての自覚と誇りを持ち、社会的信用を高めるよう行動しなければならない。
2-2. 社会福祉士は、あらゆる社会的不正行為に関わってはならない。

3．社会的信用の保持
3-1. 社会福祉士は、専門職業の社会的信用をそこなうような行為があった場合、行為の内容やその原因を明らかにし、その対策を講じるように努めなければならない。
3-2. 社会福祉士は、他の社会福祉士が非倫理的な行動をとった

場合、必要に応じて関係機関や日本社会福祉士会に対し適切な行動を取るよう働きかけなければならない。
3-3. 社会福祉士は、信用失墜行為がないように互いに協力し、チェック機能を果たせるよう連携を進めなければならない。

4．専門職の擁護

4-1. 社会福祉士は、社会福祉士に対する不当な批判や扱いに対し、その不当性を明らかにし、社会にアピールするなど、仲間を支えなければならない。

4-2. 社会福祉士は、不当な扱いや批判を受けている他の社会福祉士を発見したときは、一致してその立場を擁護しなければならない。

4-3. 社会福祉士は、社会福祉士として不当な批判や扱いを受けぬよう日頃から自律性と倫理性を高めるために密に連携しなければならない。

5．専門性の向上

5-1. 社会福祉士は、研修・情報交換・自主勉強会等の機会を活かして、常に自己研鑽に努めなければならない。

5-2. 社会福祉士は、常に自己の専門分野や関連する領域に関する情報を収集するよう努めなければならない。

5-3. 社会福祉士は、社会的に有用な情報を共有し合い、互いの専門性向上に努めなければならない。

6．教育・訓練・管理における責務

6-1. スーパービジョンを担う社会福祉士は、その機能を積極的に活用し、公正で誠実な態度で後進の育成に努め社会的要請に応えなければならない。

6-2. コンサルテーションを担う社会福祉士は、研修会や事例検討会等を企画し、効果的に実施するように努めなければならない。

6-3. 職場のマネジメントを担う社会福祉士は、サービスの質・利用者の満足・職員の働きがいの向上に努めなければならない。

6-4. 業務アセスメントや評価を担う社会福祉士は、明確な基準に基づき評価の判断をいつでも説明できるようにしなければならない。

6-5. 社会福祉教育を担う社会福祉士は、次世代を担う人材養成のために、知識と情熱を惜しみなく注がなければならない。

7．調査・研究

7-1. 社会福祉士は、社会福祉に関する調査研究を行い、結果を公表する場合、その目的を明らかにし、利用者等の不利益にならないよう最大限の配慮をしなければならない。

7-2. 社会福祉士は、事例研究にケースを提供する場合、人物を特定できないように配慮し、その関係者に対し事前に承認を得なければならない。

◇公益社団法人　日本社会福祉士会ホームページ『公益社団法人日本社会福祉士会の倫理綱領』より転載

日本介護福祉士会倫理綱領

1995年11月17日宣言

前文

私たち介護福祉士は、介護福祉ニーズを有するすべての人々が、住み慣れた地域において安心して老いることができ、そして暮らし続けていくことのできる社会の実現を願っています。

そのため、私たち日本介護福祉士会は、一人ひとりの心豊かな暮らしを支える介護福祉の専門職として、ここに倫理綱領を定め、自らの専門的知識・技術及び倫理的自覚をもって最善の介護福祉サービスの提供に努めます。

(利用者本位、自立支援)

1．介護福祉士はすべての人々の基本的人権を擁護し、一人ひとりの住民が心豊かな暮らしと老後が送れるよう利用者本位の立場から自己決定を最大限尊重し、自立に向けた介護福祉サービスを提供していきます。

(専門的サービスの提供)

2．介護福祉士は、常に専門的知識・技術の研鑽に励むとともに、豊かな感性と的確な判断力を培い、深い洞察力をもって専門的サービスの提供に努めます。

また、介護福祉士は、介護福祉サービスの質的向上に努め、自己の実施した介護福祉サービスについては、常に専門職としての責任を負います。

(プライバシーの保護)

3．介護福祉士は、プライバシーを保護するため、職務上知り得た個人の情報を守ります。

(総合的サービスの提供と積極的な連携、協力)

4．介護福祉士は、利用者に最適なサービスを総合的に提供していくため、福祉、医療、保健その他関連する業務に従事する者と積極的な連携を図り、協力して行動します。

(利用者ニーズの代弁)

5．介護福祉士は、暮らしを支える視点から利用者の真のニーズを受けとめ、それを代弁していくことも重要な役割であると確認したうえで、考え、行動します。

(地域福祉の推進)

6．介護福祉士は、地域において生じる介護問題を解決していくために、専門職として常に積極的な態度で住民と接し、介護問題に対する深い理解が得られるよう努めるとともに、その介護力の強化に協力していきます。

(後継者の育成)

7．介護福祉士は、すべての人々が将来にわたり安心して質の高い介護を受ける権利を享受できるよう、介護福祉士に関する教育水準の向上と後継者の育成に力を注ぎます。

◇公益社団法人　日本介護福祉士会ホームページ『日本介護福祉士会倫理綱領』より転載

乳児院倫理綱領

乳児院の責務は、子どもの生命(いのち)と人権を守り、子どもたちが日々こころ豊かにかつ健やかに成長するよう、また、その保護者が子どもたちによりよい養育環境を整えられるよう支援することです。

私たちはこのことを深く認識し、子育て支援に対する社会からの要請に応えるべく、日々自己研鑽に励み、専門性の向上をめざします。そして、子どもたちの育ちを支える生活の場として、すべての職員が心をあわせ、子どもたちの幸福(しあわせ)を実現するための拠りどころを、次に定めます。

(基本理念)

私たちは、社会の責任のもとに、子どもたちの生命(いのち)を、かけがえのない、社会で最も尊いものとして大切に守ります。

私たちは、子どもたちによりそい、その思いを代弁するよう努めるとともに、専門的役割と使命を自覚し、一人ひとりの子どもの最善の利益の実現に努めます。

(権利擁護)

私たちは、児童憲章と子どもの権利条約の理念を遵守し、子どもたちの人権(生きる権利、育つ権利、守られる権利、参加する権利)を尊重します。

私たちは、子どもたちへのいかなる差別や虐待も許さず、また不適切なかかわりをしないよう、自らを律します。

(家庭的養護と個別養護)

私たちは、家庭的な養育環境のもとで、子どもたちが安心して生活できるよう、子どもたち一人ひとりの成長発達をきめ細かく、丁寧に見守っていきます。

(発達の支援)

私たちは、子どもたち一人ひとりと信頼関係を築き、子どもたちが健全な心身の発達ができるよう育ちを支えます。

(家庭への支援)

私たちは、関係機関と協働し、家庭機能の回復を援助するとともに、保護者や里親と子どもたちを継続的に支援します。

(社会的使命の遂行)

私たちは、関係機関と協働し、虐待防止の推進を図るとともに、地域の子育て支援や里親支援などの社会貢献に努めます。

平成20年5月9日
(平成26年5月12日一部改正)

社会福祉法人　全国社会福祉協議会
全国乳児福祉協議会

全国母子生活支援施設協議会倫理綱領

　母子生活支援施設に携わるすべての役員・職員（以下、「私たち」という。）は、母と子の権利擁護と生活の拠点として、子どもを育み、子どもが育つことを保障し、安定した生活の営みを支えます。
　そのために私たちは、母と子の主体性を尊重した自立への歩みを支えるとともに、常に職員の研鑽と資質向上に励み、公正で公平な施設運営を心がけ、母と子および地域社会から信頼される施設として支援を行うことをめざします。

＜基本理念＞
1．私たちは、母と子の権利と尊厳を擁護します。

＜パートナーシップ＞
2．私たちは、母と子の願いや要望を受けとめ、安心・安全な環境の中で、母と子の生活課題への取り組みを支援し、安定した生活の営みを形成することをめざします。

＜自立支援＞
3．私たちは、母と子の自立に向けた考えを尊重し、その歩みをともにしながら、母と子を支えることをめざします。

＜人権侵害防止＞
4．私たちは、法令を遵守し、母と子への人権侵害を許しません。

＜運営・資質の向上＞
5．私たちは、母と子への最適な支援と、よりよい施設運営をめざすとともに、自己点検をはかり、職員自身も自らを見つめ直し、専門性の向上に努めます。

＜アフターケア＞
6．私たちは、母と子の退所後をインケアからアフターケアをつなぐため、退所計画を作成し、アウトリーチするとともに、地域の社会資源を組み込んだネットワークによる切れ目のない支援を提供することをめざします。

＜地域と協働＞
7．私たちは、関係機関や団体とネットワーク形成を図りながら、資源の開発や創生による子育て支援地域づくりを進め、ひとり親家庭のニーズに合わせた展開をすることをめざします。

制定日　平成19年4月25日
改定日　平成29年5月12日

社会福祉法人　全国社会福祉協議会
全国母子生活支援施設協議会

日本保育学会倫理綱領

前文

　一般社団法人日本保育学会(以下、本学会)は、定款第2条の規定による本学会の目的の達成に関わり、すべての人間の基本的人権と尊厳を最大限に尊重し、とりわけ子どもの最善の利益の実現に向けた社会的活動を全うするため、ここに本綱領を制定する。

　一般社団法人日本保育学会会員(以下、会員)には、保育学の専門家としての社会的自覚と責任の下、研究・教育・実践活動等に携わるなかで、子どもの健全な発達とそのための保育活動を損なわないよう十分な配慮が求められる。またこの実現は、会員個人の自律性に依拠するものであるが、会員は相互にこれに関心を払い、研究倫理にかなわぬ行動を防ぐよう留意しなければならない。

　本学会は、上記の主旨に基づき、以下の条項を定める。

基本原則

第1条　会員は、研究・教育・実践活動等の実施および公表において、基本的人権につねに配慮しなければならない。特に、子ども個人の最善の利益を損なうことがあってはならない。

研究実施のための配慮

第2条　会員は、研究・教育・実践活動等に際しては、情報提供者もしくは研究協力者に対して、あらかじめ研究目的、研究内容等を十分に説明し、同意・了解を得た上で行うことを基本原則とする。但し、研究協力者が同意・了解の判断が困難な場合には、研究協力者を保護する立場にある者の判断と同意を得ることが必要である。また、研究のすべての過程において強制してはならないとともに、研究実施に際しては、保育活動とりわけ子どもに及ぼす影響に対する配慮が必要である。

情報管理の厳守

第3条　会員は、研究・教育・実践活動等によって得られた情報については、それを厳重に保管・管理し、本来の目的以外に使用してはならないと同時に、同意を得た情報以外は利用してはならない。

研究成果の公表に伴う責任

第4条　会員は、研究・教育・実践活動等で得られた成果を公表する場合には、それがもたらす社会的意義に十分配慮して専門家としての責任を自覚して行わなければならない。会員は、公表に際しては、あらかじめ協力者の同意を得なければならないと同時に、了解なしに協力者が特定されることがないよう配慮する必要がある。また、共同研究においては、共同研究者の権利と責任に配慮する必要がある。

研鑽の義務

第5条　会員および学会は、会員の学問的誠実性と自律的行動を促進するため、本綱領の周知・理解と実行へ向けた研鑽の機会を持たなければならない。

倫理の遵守および抵触疑義への対応

第6条　会員および学会は、本倫理綱領を十分に理解し、その徹底に努めなければならない。万一、本倫理綱領に抵触する疑義が持たれる事態が生起した場合には、学会は会員の研究活動の公正性を確保するため、理事会が倫理問題調査委員会を設置しその事態に対応する。

附則　本倫理綱領は、平成19年10月1日から施行する。
　　　一部　平成22年10月2日改正

◇日本保育学会ホームページ『日本保育学会倫理綱領』より転載

（全国保育士会倫理綱領検討特別委員会）

委員長	柏女　霊峰	淑徳大学社会学部教授・日本子ども家庭総合研究所子ども家庭政策研究担当部長
副委員長	御園　愛子	全国保育士会副会長
委　員	吉川由基子	全国保育士会常任委員
〃	嵯峨ヱミ子	全国保育士会委員（秋田県・秋田成徳会第一ルンビニ園）
〃	志賀口三枝子	全国保育士会委員（静岡県・和光保育園）
〃	上村　初美	全国保育士会委員（福岡県・砂川保育園）
〃	小川　益丸	全国保育協議会副会長（広島県・新市保育所）
〃	増田まゆみ	小田原女子短期大学教授

※「全国保育士会倫理綱領」は、平成14年度に全国保育士会倫理綱領検討特別委員会により策定されました。
　委員の肩書きは平成14年度のものです。

（全国保育士会倫理綱領ガイドブック初版【平成16年】）

◆全国保育士会

会　長	武内　茂子	（大阪府・旭ヶ丘学園）
副会長	御園　愛子	（千葉市・みつわ台保育園）
〃	真野　絹代	（福岡市・玉川保育園）
〃	吉川由基子	（広島県・小奴可保育所）

◆全国保育士会制度・保育内容研究部

部　長	村田　榮子	（鳥取県・西倉吉保育園）
副部長	伊藤　里子	（宮城県・鹿島台保育所）
部　員	齋藤　和子	（福島県・西会津町立野沢保育所）
〃	上野　通子	（新潟県・根知第一保育園）
〃	山越　教子	（栃木県・栗山村立中央保育所）
〃	久保美和子	（千葉県・宗吾保育園）
〃	半田　好美	（長野県・佐久市立中込第二保育園）
〃	永井　節子	（富山県・富山市立根塚保育所）
〃	岩本　隆子	（京都市・ピノキオ保育園）
〃	丸田　恵理	（神戸市・同朋にこにこ保育園）
〃	廣澤ますみ	（島根県・太田市立長久保育園）
〃	松永　幸子	（香川県・丸亀市立城南保育所）
〃	柴田　昌江	（長崎県・女の都青い鳥保育園）
〃	仲村マサ子	（沖縄県・那覇市立泊保育所）

※ガイドブックの編纂は、平成15年度に実施されました。肩書きは、平成15年度のものです。

【全国保育士会倫理綱領ガイドブック改訂版【平成21年】】
◆「全国保育士会倫理綱領ガイドブック」の見直し作業委員会
委　員　鈴木美岐子（千葉県・花の井保育園）
　〃　　御園　愛子（千葉市・みつわ台保育園）
　〃　　高島佐和子（東京都・しいの実保育園）
　〃　　三上　智代（滋賀県・本福寺保育園）
　〃　　大西　潤子（大阪府・古川園）
　〃　　吉川由基子（広島県・小奴可保育所）
　〃　　山下　文子（高知県・十市保育園）
　〃　　上村　初美（福岡県・砂山保育園）

◆全国保育士会常任委員会（平成20年度）
◆全国保育士会制度・保育内容研究部（平成20年度）
◆監修
　柏女　霊峰　淑徳大学総合福祉学部教授・日本子ども家庭総合研究所
　　　　　　　子ども家庭政策研究担当部長
※見直し作業は、平成20年度に実施しました。肩書きは、平成20年度のものです。

【全国保育士会倫理綱領ガイドブック改訂2版【平成30年】】
　会　長　上村　初美（福岡県・砂山保育園）
　副会長　村松　幹子（静岡県・たかくさ保育園）
　　〃　　荻原　尚子（兵庫県・幼保連携型認定こども園どんぐりの家）
　　〃　　北野　久美（北九州市・あけぼの愛育保育園）
◆全国保育士会制度・保育内容研究部
　部　長　犬童れい子（熊本県・小羊保育園）
　副部長　船本　孝子（徳島県・徳島市立加茂名保育所）
　部　員　福澤　紀子（青森県・つるた乳幼児園）
　　〃　　菅家　潤　（岩手県・前潟保育園）
　　〃　　松本　典子（群馬県・三郷保育園）
　　〃　　服部　明子（千葉県・府馬保育園）
　　〃　　高橋　順子（横浜市・横浜和泉保育園）
　　〃　　松本　郁子（岐阜県・岐南さくら保育園）
　　〃　　安藤こずえ（愛知県・津島市子育て支援課）
　　〃　　伊藤　裕子（大阪府・南河学園付属国分保育園）
　　〃　　田中　康裕（和歌山県・和歌山市立西和佐保育所）
　　〃　　兒玉　好美（山口県・ルンビニ第二保育園）
　　〃　　森田さゆり（福岡県・星野保育所星光園）
　　〃　　家原利絵子（佐賀県・あさひ保育園）

◆監修
　柏女　霊峰　淑徳大学総合福祉学部教授
※見直し作業は、平成29年度に実施されました。肩書きは、平成29年度のものです。

〔全国保育士会ホームページアドレス〕
http://www.z-hoikushikai.com

改訂2版　全国保育士会倫理綱領ガイドブック

発　行	2004年 1 月19日　初版第1刷発行 2009年 9 月 2 日　改訂版第1刷発行 2018年 3 月29日　改訂2版第1刷発行
定　価	本体700円（税別）
監　修	柏女　霊峰
編　集	全国保育士会
発行者	渋谷　篤男
発行所	社会福祉法人　全国社会福祉協議会 〒100-8980 東京都千代田区霞が関3-3-2 新霞が関ビル TEL 03-3581-9511
印刷所	株式会社　丸井工文社

ISBN978-4-7935-1270-4　C2036　¥700E